SDGsカリキュラムの創造

ESDから広がる持続可能な未来

田中 治彦 ■ 奈須 正裕 ■ 藤原 孝章 |編著|

学文社

［執筆者］

田中　治彦	上智大学名誉教授	〈序章・第1章・第9章〉
奈須　正裕	上智大学総合人間科学部教授	〈第2章〉
藤原　孝章	同志社女子大学現代社会学部特任教授	〈第3章・終章〉
中村　絵乃	認定NPO法人開発教育協会事務局長	〈第4章〉
近藤　牧子	早稲田大学非常勤講師	〈第5章〉
松倉紗野香	埼玉県立伊奈学園中学校教諭	〈第6章・第7章〉
牛込　裕樹	大妻中野中学校・高等学校教諭	〈第8章〉
秋元みどり	青山学院大学ボランティアセンター助手	〈第10章〉

（執筆順）

はじめに

　本書は，「国連 ESD の 10 年 (2005-2014)」の期間とその後に行われたさまざまな教育実践をもとに，2020 年代の SDGs カリキュラムを構想しようとするものである。2020 年度から順次導入される新しい学習指導要領では，各教科・領域に ESD（持続可能な開発のための教育）の内容が随所に盛り込まれている。また，学習指導要領の前文でも，今後の教育の目的は「持続可能な社会の創り手」を育てることがうたわれている。すなわち，SDGs 学習は，2020 年代の日本の教育の主要な柱のひとつなのである。

　持続可能な社会という観点からいえば，教育界自体が子どもたちから問いを突きつけられている。スウェーデンのグレタ・トゥンベリさん（16 歳）が 2018 年 8 月，毎週金曜日に学校をボイコットして議会に温暖化対策を訴えた。その後，若者による抗議活動が世界に広がり，2019 年 9 月のニューヨークを初めとした抗議活動には，主催団体によると 163 カ国で 400 万人以上が参加したという。ここで注目すべきは，グレタさんが金曜日に学校を休んで議会にデモをしたことである。気候変動の現実の前に学校教育では間に合わない，という危機感からであろう。西暦 2100 年の地球の平均気温の上昇が問題になっているが，そのときグレタさんは 97 歳である。今の子どもたちにとって地球温暖化は，人生を貫く重要課題なのである。

　SDGs 時代の教育の課題を扱う本書には，次のような特色がある。第一に，これまで中学校，高等学校，大学，社会教育において実践されてきた優れた ESD の事例を紹介しつつ，今後の SDGs 学習の課題や展開を明らかにすることである。ESD 実践については第 II 部の各章で扱われる。中等教育としては，上尾市立東中学校（第 6-7 章），および大妻中野中学校・高等学校（第 8 章），高等教育からは上智大学教育学科の講義（第 9 章），そして社会教育からは YMCA の地球市民育成プロジェクト（第 10 章）を取り上げる。

i

はじめに

　つぎに，SDGs の理解とそれを教育現場で扱う際の課題を明らかにする。SDGs の 17 目標についての理解を深めつつ，その奥にある基本的な理念（公正，共生，循環など）の学習の必要性と重要性を述べる（序章，第 1 章）。そして，これまでの ESD カリキュラムの変遷をたどったうえで，新しい SDGs 学習のためのカリキュラムを構想する（第 3 章）。第三に，SDGs 学習を行うにあたっては従来の学力観，カリキュラム観の転換が必要であることを強調する。PISA から新学習指導要領に至る学力観の変換を俯瞰したうえで，SDGs の時代に求められる資質や能力は何かを明らかにする（第 2 章）。

　第四に，新しい学力観に基づくカリキュラムは，従来の教え込むタイプの直線型の学びではなく，講義，ワークショップ，フィールドワークなどを組み合わせた「らせん型の学び」になることである（第 1・3 章）。各実践で活用された参加体験型の教材を，巻末の資料編「SDGs 学習の教材」に紹介した。第五に，ESD を実践する指導者像として，ファシリテーターとしての教師・指導者の役割について解説した（第 4 章）。SDGs 学習を推進するにあたっては，らせん型のカリキュラムを構想し，導くことができるファシリテーターの存在が不可欠であるからである。

　第六は，SDGs 学習を実践するための学校・地域・行政・NPO などの連携の必要性である。SDGs 学習を効果的に行うためには，教室の中だけでの参加体験型学習では限界がある。学校と社会との連携については，第 II 部の各章で実践に即して解説される。最後に，ESD の評価の重要性に鑑みて，評価論の章を設けた（第 5 章）。「ESD・開発教育ふりかえりツールキット」作成の経緯から，ESD の評価における 5 つのアプローチを紹介した。なお，生徒・学生に対する成績評価については第 II 部の各章で個別に扱われる。

　SDGs 学習のように広く複雑な地球社会の課題を理解し，「自分事」とするような学習活動は容易ではなく，一朝一夕に成し遂げられるものでもない。幸いにして，SDGs 学習につながる ESD には助走期間があった。それが，2005-2014 年の「国連 ESD の 10 年」であった。第 II 部の中学・高校・大学・社会

はじめに

教育において実践された ESD は，この期間に 4 〜 10 年かけて行われた実践の記録である。

　筆者らはこれら 4 つの実践に直接・間接に関わってきた。上尾東中の実践には，田中，奈須，中村，そして伊藤がアドバイザーとして関わり，教員研修やプログラム評価を行った。大妻中野中高の実践では，田中と同校教員 3 名が実際にタイのチェンマイに赴き，カウンターパートとなる現地の高校を探した。また，藤原は現地でのプログラムに協力した。上智大学の授業には奈須と田中が講義を行い，第 9 章の分担執筆者の 4 名が授業評価を行った。YMCA 同盟の地球市民育成プロジェクトでは，中村，田中，秋元がプログラムの運営や評価に関わった。そして 4 実践のベースには（認定 NPO）開発教育協会の 30 数年にわたる理論の積み重ねと教材開発とがある。

　本書では 2020 年度の新学習指導要領の開始にあたって，「持続可能な社会の創り手」の育成と SDGs 学習について，実践例をもとに羅針盤を提供した。読者は実践に向けて勇気を与えられたであろうか，それともひるんでしまっただろうか。本書は SDGs 学習の上級編ともいうべきであり，筆者らが所属している開発教育協会では，さらに学びのプロセスや教材をていねいに解説した『SDGs 学習のつくりかた―開発教育実践ハンドブック II』を発刊した。SDGs の目標年度である 2030 年に改めて本書を手に取ったとき，果たして日本の教育界は大きく変わったといえるであろうか。SDGs 学習の今後の実践に，日本の未来，そして地球社会のサバイバルがかかっているといっても過言ではない。

　筆者らは 2010 年に本書の前身にあたる『開発教育で実践する ESD カリキュラム』を発刊した。また，SDGs と教育については，『SDGs と開発教育』（2016年），『SDGs と環境教育』（2017 年），『SDGs とまちづくり』『SDGs 時代の教育』（2019 年）が学文社から刊行されている。本書はそれらに通底する書である。本書の刊行にあたっては引き続き二村和樹さんにお世話になったことを感謝をもって記しておきたい。

編者を代表して　　　田中　治彦

iii

目　次

はじめに　*i*

序　章　SDGs（持続可能な開発目標）とは何か　*1*

第Ⅰ部　SDGs カリキュラムのための理論　*11*

第 1 章　SDGs と持続可能な開発のため教育（ESD）の課題　*12*

第 2 章　新しい学力観と SDGs カリキュラム　*29*

第 3 章　SDGs 時代のカリキュラムづくり　*45*

第 4 章　ファシリテーターとしての教師・指導者　*61*

第 5 章　ESD の評価方法の検討
　　　　　―「ESD・開発教育ふりかえりツールキット」作成から　*80*

第Ⅱ部　SDGs に向けた ESD の実践事例　*97*

第 6 章　上尾市立東中学校における実践（1）
　　　　　―グローバルシティズンシップ科の設立―　*98*

第 7 章　上尾市立東中学校における実践（2）
　　　　　―SDGs を達成するために必要な学び―　*116*

第 8 章　大妻中野中学校・高等学校のスーパーグローバルハイスクール事業　*134*

第 9 章　上智大学における「多文化共生・ESD・市民教育」の授業評価　*154*

第 10 章　YMCA における地球市民育成プロジェクト　*171*

終　章　SDGs に向けた ESD 実践を振り返る　*190*

資料編　SDGs 学習の教材　*197*

索　引　*202*

序　章
SDGs（持続可能な開発目標）とは何か

　SDGs と教育を議論するうえで，「そもそも SDGs とは何か」を理解しておく必要がある。序章では，SDGs が生まれた背景，そしてその内容と理念について解説する。

　持続可能な開発目標 (Sustainable Development Goals : SDGs) は 2015 年 9 月にニューヨーク国連本部で開かれた「国連持続可能な開発サミット」において採択された。SDGs には，リオ・サミット以来の「持続可能な開発 (SD)」を引き継ぐ環境系の目標群と，「ミレニアム開発目標 (MDGs)」を引き継ぐ開発系の目標群との 2 つの柱から成っている。SDGs を支えるこれら 2 つの柱からみていこう。

① SDGs の背景

(1) 地球サミットと「持続可能な開発」

　持続可能な開発の概念は，1987 年にブルントラント委員会より出された報告書『我々の共通の未来』で提起された[1]。このなかで，持続可能な開発は「将来の世代が自らのニーズを充足する能力を損なうことなく，現在の世代のニーズを満たすような発展」と定義された。これはそれまでのように開発と環境を対立的に捉えるのではなく，地球の生態系が持続する範囲内で開発を進める考

え方である。現在の世代が将来の世代のための資源を枯渇させぬこと（世代間の公正＝環境問題）と，南北間の資源利用の格差すなわち貧困と貧富の格差を解消すること（世代内の公正＝開発問題）をめざしている。

　持続可能な開発は，もともと海洋資源の保護をめぐる「最大維持可能漁獲量」という考え方から始まっていて，環境保全の文脈において成立した概念である。ブルントラント報告は「持続可能な開発」を環境と開発とを統合する理念として提起したところに特徴がある。1992 年にブラジルのリオデジャネイロで開かれた国連環境開発会議（地球サミット）において，持続可能な開発の理念が国際的に共有されて，具体的な行動計画として「アジェンダ 21」が採択された。

　地球サミットでは，「気候変動枠組条約」が採択されて，地球温暖化問題解決への第一歩が踏み出された。また，「生物多様性条約」も採択されて，野生生物の減少や絶滅を食い止めるための国際的な枠組みが作られた。さらに，主に熱帯林の保護するための「森林原則」が声明の形で発表された。これらの条約や原則は SDGs の目標に引き継がれることになる。

　持続可能な開発は，1990 年代以降の国連会議，国際会議において中心的なテーマとなり，次第に地球社会が抱えている課題の相互関連性が明らかにされることとなる。それらは人口，貧困，環境，ジェンダー，居住，人権などの課題である[2]。

(2) ミレニアム開発目標（MDGs）の成果と課題

　2000 年 9 月にニューヨークで開催された国連ミレニアム・サミットにおいては，21 世紀における国際社会の目標として国連ミレニアム宣言が採択された。1990 年代の環境，人権，ジェンダーなどの国際会議で議論された開発目標と行動計画を統合して，1 つの共通の枠組みとしてミレニアム開発目標（Millennium Development Goals：MDGs）が提示された。MDGs は，以下のような 8 つの目標と 21 の到達目標（ターゲット）からなる（図 0-1）[3]。

2

目標1は「極度の貧困と飢餓の撲滅」である。そのターゲットの1つが「2015年までに1日1.25米ドル未満で生活する人口比率を半減させる」であった。日本円ならば約140円なので，それ以下での生活というのは日本では想像しがたいが，これを「絶対的貧困」と呼んでいる。結局，1990年のときに約17億人いた貧困人口は，2015年の時点で8億人にまで減少させることに成功した。

目標2は「2015年までに，全ての子どもが男女の区別なく初等教育（小学校）の全課程を修了できるようにする」という教育の目標である。結果として，2000年時に全世界で83％であった就学率が，2015年には91％にまで上昇した。アフリカ地域以外では全員就学の目標は達成間近となり，顕著な成果を上げた。

目標3は「ジェンダーの平等の推進と女性の地位向上」である。ターゲットの1つとして「2015年までに全ての教育レベルにおける男女格差の解消」がある。女性の地位向上のためには教育こそが決め手と考えられた。その結果，インドを含む南アジア地域では女性の就学率が上がった。1990年のときには女子は男子に比べの74％しか学校に行っていなかった。ところが2015年には女子のほうが男子よりも通学率が上回った。これですぐにジェンダー平等が実

極度の貧困と飢餓の撲滅

普遍的初等教育の達成

ジェンダー平等の推進と女性の地位向上

乳幼児の死亡率の削減

妊産婦の健康の改善

HIV／エイズ，マラリア，その他疾病の蔓延の防止

環境の持続可能性の確保

開発のためのグローバル・パートナーシップ

図 0-1　MDGs の目標

序　章　SDGs（持続可能な開発目標）とは何か

現するわけではないが，教育が同レベルになったということは，将来にわたっ
てジェンダー平等実現の可能性が開かれたことになる。

　MDGs の目標 4 〜 6 は保健衛生に関する目標である。目標 4 は「乳幼児の
死亡率の削減」で，2015 年までに 5 歳未満の子どもの死亡率を 3 分の 1 にす
るというターゲットである。乳幼児死亡率の減少については，ほぼ目標達成に
近づいた。目標 5 の「妊産婦の健康の改善」においては，2015 年までに妊産
婦の死亡率を 4 分の 1 にするというターゲットがあったが，半減させることに
ひとまず成功した。目標 6 の「HIV ／エイズ，マラリア，その他の疾病の蔓
延の防止」についても，ほぼ目標を達成した。教育とともに保健衛生の分野で
も MDGs は顕著な成果を上げた。

　その一方，目標 7「環境の持続可能性の確保」においては成果が上がってい
ない。ターゲットとして「持続可能な開発の原則を各国の政策や戦略に反映さ
せ，環境資源の喪失を阻止し，回復を図る」とあるが，地球温暖化の原因であ
る二酸化炭素は増加し，世界の水不足も解消されず，野生生物の絶滅にも歯止
めがかかっていない。

　当時の潘基文国連事務総長は MDGs を「歴史上最も成功した貧困撲滅運動」
と評価している[4]。しかしながら，いくつか課題が残された。たしかに貧困人
口は大幅に減ったが，今なお約 8 億人の人が極度の貧困状態にある。また，貧
困層と富裕層との格差が世界的に大きく開いた。女子の教育機会は改善された
が，男女間の不平等は依然として深刻である。世界をみても女性の国会議員
は 2 割しかいない。ちなみに，日本では 1 割以下である。地球温暖化と環境悪
化については今後も多大な努力が必要である。戦争や紛争により，毎日 4 万
2000 人が難民となっている。MDGs で残されたさまざまな課題を解決するた
めに，2015 年に新たに SDGs が設定されて，2030 年までの解決がめざされる
ことになったのである。

② SDGs の目標と理念

(1) SDGs の 17 目標

　SDGs の 17 の目標（表 0-1）は大きく 3 つのグループに分類することができる。SDGs のロゴマーク（カバー参照）の上段の 6 つの目標（SDG1・2・3・4・5・6）は MDGs を引き継ぐ開発目標であり，主に開発途上国を対象とした開発・社会系の目標群である。ここでは貧困，保健，教育，ジェンダー，水などの課題が扱われる。

　つぎに，下段の 3 つの目標（SDG13・14・15）は地球サミット以来の狭義の環境問題である。地球温暖化，海と陸の環境保全に関する環境系の目標である。

　そして，中段の 6 目標（SDG7・8・9・10・11・12）が「持続可能な社会づくり」に関する経済・社会系の開発目標である。持続可能なまちづくり，雇用，エネルギー，生産と消費などに関する目標である。

　SDG16 は平和系の目標であり，最後の「SDG17　パートナーシップで目標を達成しよう」は，以上 16 の目標を達成するための実施体制づくりに関する目標である。このように SDGs は，貧困や保健医療，教育などの MDGs の開発目標と，地球サミット以来の持続可能な開発に関する世界共通の目標の双方の柱から成っている。そのため，MDGs が主に開発途上国を対象とした開発目標であったのに対して，SDGs は先進国にも途上国にも共通のユニバーサルな開発目標であることが特徴である。実際，日本にとっても教育，ジェンダー，エネルギー，成長・雇用，持続可能な都市，不平等の解消など重要な課題が含まれている。そのため MDGs が国際協力など一部の人々の関心事であったのに対して，SDGs は地方自治体，企業，NPO など幅広い人々から注目を集めている。

(2) SDGs の理念

　SDGs を学習するうえで 17 の目標それぞれについて知ることは大切なことではあるが，その背景にある基本理念を理解することのほうがより重要であ

5

序　章　SDGs（持続可能な開発目標）とは何か

表 0-1　SDGs の 17 目標

目標 1	あらゆる場所のあらゆる形態の貧困を終わらせる	貧困をなくそう
目標 2	飢餓を終わらせ，食料安全保障及び栄養改善を実現し，持続可能な農業を促進する	飢餓をゼロに
目標 3	あらゆる年齢のすべての人々の健康的な生活を確保し，福祉を促進する	すべての人に保健と福祉を
目標 4	すべての人々への包摂的かつ公正な質の高い教育を提供し，生涯学習の機会を促進する	質の高い教育をみんなに
目標 5	ジェンダー平等を達成し，すべての女性及び女児の能力強化を行う	ジェンダー平等を実現しよう
目標 6	すべての人々の水と衛生の利用可能性と持続可能な管理を確保する	安全な水とトイレを世界中に
目標 7	すべての人々の，安価かつ信頼できる持続可能な近代的エネルギーへのアクセスを確保する	エネルギーをみんなに，そしてクリーンに
目標 8	包摂的かつ持続可能な経済成長及びすべての人々の完全かつ生産的な雇用と働きがいのある人間らしい雇用（ディーセント・ワーク）を促進する	働きがいも経済成長も
目標 9	強靱（レジリエント）なインフラ構築，包摂的かつ持続可能な産業化の促進及びイノベーションの推進を図る	産業と技術革新の基盤をつくろう
目標 10	各国内及び各国間の不平等を是正する	人や国の不平等をなくそう
目標 11	包摂的で安全かつ強靱（レジリエント）で持続可能な都市及び人間居住を実現する	住み続けられるまちづくりを
目標 12	持続可能な生産消費形態を確保する	つくる責任つかう責任
目標 13	気候変動及びその影響を軽減するための緊急対策を講じる	気候変動に具体的な対策を
目標 14	持続可能な開発のために海洋・海洋資源を保全し，持続可能な形で利用する	海の豊かさを守ろう
目標 15	陸域生態系の保護，回復，持続可能な利用の推進，持続可能な森林の経営，砂漠化への対処，ならびに土地の劣化の阻止・回復及び生物多様性の損失を阻止する	陸の豊かさも守ろう
目標 16	持続可能な開発のための平和で包摂的な社会を促進し，すべての人々に司法へのアクセスを提供し，あらゆるレベルにおいて効果的で説明責任のある包摂的な制度を構築する	平和と公正をすべての人に
目標 17	持続可能な開発のための実施手段を強化し，グローバル・パートナーシップを活性化する	パートナーシップで目標を達成しよう

出典：外務省（仮訳）https://www.mofa.go.jp/mofaj/files/000101402.pdf

る。17 目標を暗記することよりも，以下の 3 つの理念について正確に理解しておくことが，SDGs の本質的な理解により近づくし，また将来的な応用にも役立つ。それらは「公正」「共生・包摂」「循環」である[5]。

① 公正 (equity)

「公正」という理念が強調されるようになったのは 1992 年の地球サミット以来である。「持続可能な開発」において「世代間の公正」と「世代内の公正」という 2 つの公正が大切であるということはすでに説明した。それまでは「平等 (equality)」という考え方が主流であった。公正と平等はどうちがうのであろうか。たとえば，地球温暖化問題においてすべての国がその人口比で「平等」に CO_2 を削減することにしたら，発展途上国側から猛烈な反対意見が出るであろう。なぜならば，先進工業国は先に経済発展して CO_2 を大量に排出して，現在の豊かな生活を享受しているからである。途上国にしてみれば，国内に深刻な貧困をかかえているうえに，CO_2 対策までさせられて経済発展を阻害されるのは「公正」ではないと主張するであろう。

2016 年には先進国も途上国もすべての国が参加したうえで地球温暖化対策を行うための「パリ協定」が策定された。その際強調されたのが「共通だが差違のある責任」という公正の原則に基づいた温暖化対策のあり方であった。

② 共生・包摂 (inclusion)

SDGs の概念で公正と並んで重要なのが「共生・包摂」である。包摂は英語の inclusion の訳ではあるが，私たちの日常用語ではない。包摂の対語は「排除 (exclusion)」であるので，包摂よりも「共生」と訳したほうが適切であることが多い。SDGs のスローガンは「誰一人取り残さない (No one is left behind)」である。この場合，取り残されがちな人々として例示されているのが「女性，子ども，障害者，高齢者，在住外国人，先住民族」などである。共生・包摂は，SDGs を国や地域レベルで具体化する際に，最初に考慮すべき考え方である。

③ 循環 (circulation)

環境破壊の原因は自然の循環を切断してしまったことにある。プラスチック

序　章　SDGs（持続可能な開発目標）とは何か

ごみがなぜ問題になっているかというと，それがきわめて分解されにくく，そのままの状態で長年海中に漂ってしまうからである。地球温暖化の原因となっている CO_2 は，石油や石炭などの化石燃料を大量に燃やしつづけたために増加した。そもそも化石燃料は生物の死骸が数億年も海底に堆積して生成されたものである。それを短期間に大量に空中に放出してしまった。本来であれば，植物が CO_2 を酸素に還元してくれるので，自然の循環が成り立つはずなのであるが，熱帯林などの大量伐採で酸素への還元が追いつかず，空気中の CO_2 濃度が上昇しつづけているのである。

(3) SDGs の理念の間の矛盾と葛藤

「公正」「共生」「循環」の SDGs の3つの理念の間にはじつは矛盾と葛藤が潜んでいる。それは「公正」がめざすものと，「共生」「循環」がめざすものとのちがいとなって現れる。

SDGs において「公正」とは主に，貧困の撲滅と貧富の格差の解消である。貧困を解消するためには一定程度の産業の発展による雇用の確保が求められる。産業が発展すると，生産と消費の水準が上がり，結果的に環境破壊の要因となり自然界の「循環」を壊す方向に作用する。また，産業振興や制度づくりのために国家の政策の影響力が増大するため，文化・言語・民族の多様性が失われるケースが多い。言語が一番わかりやすいが，その国の共通語と世界言語としての英語のみに集約されがちである。また，経済発展していくと，地方の固有の文化が失われがちである。「公正」を追求することは，国全体，あるいは国を超えてグローバルに「画一性」を増大させる方向に作用する。

いっぽう，「共生・包摂」は「多様性」こそがその価値である。民族・文化・言語の多様性，そして個人の個性の多様性を認めることがないと，「共に生きる」社会はつくれない。「循環」もまた，生物の多様性を守るための価値である。共生と循環とは親和性が強いが，公正とはしばしば相矛盾し，葛藤を生み出すことがある。これを SDGs の目標でいうと，SDG7-9（エネルギー，雇用，

技術革新）がめざす「公正さ」は，循環をめざす SDG13-15（気候変動，海の生物，陸の生物）と衝突することがある。他方で，SDG5（ジェンダー），SDG10（平等），SDG16（平和と人権）のように，公正と共生の 2 つの価値を同時に追求しなければならない目標もある。

　SDGs の学習に当たっても，このような矛盾や葛藤について疑問や批判が出ることが予想される。唯一絶対な解答はないので，最善，次善と思われる解決策を模索しつづけなければならないであろう。　　　　　　　　　［田中 治彦］

注
1) World Commission on Environment and Development（1987），*Our Common Future*, Oxford:Oxford University Press.（邦訳：環境と開発に関する世界委員会（1987）『地球の未来を守るために』福武書店）。
2) 万人のための教育世界会議（1990，タイ・ジョムティエン），国連環境開発会議（1992，リオデジャネイロ），世界人権会議（1993，ウィーン），国連人口開発会議（1994，カイロ），世界社会開発サミット（1995，コペンハーゲン），第 4 回世界女性会議（1995，北京），第 2 回国連人間居住会議（1996，イスタンブール），第 5 回国際成人教育会議（1997，ハンブルグ）など。
3) 外務省「ミレニアム開発目標（MDGs）」https://www.mofa.go.jp/mofaj/gaiko/oda/doukou/mdgs.html（2019 年 9 月 25 日最終閲覧）。
4)「国連ミレニアム開発目標報告 2015 — MDGs 達成に対する最終評価（2015 年 7 月 6 日）」http://www.unic.or.jp/files/e530aa2b8e54dca3f48fd84004cf8297.pdf（2019 年 9 月 25 日最終閲覧）。
5) SDGs に現れている諸理念についての解説は次を参照のこと。西あい・湯本浩之編（2017）『グローバル時代の「開発」を考える』明石書店。

参考文献
田中治彦・三宅隆史・湯本浩之編著（2016）『SDGs と開発教育—持続可能な開発目標のための学び』学文社
佐藤真久・田代直幸・蟹江憲史編著（2017）『SDGs と環境教育—地球資源制約の視座と持続可能な開発目標のための学び』学文社
田中治彦・枝廣淳子・久保田崇編著（2019）『SDGs とまちづくり—持続可能な地域と学びづくり』学文社
SDGs 市民社会ネットワーク編（2017）『基本解説 そうだったのか SDGs』SDGs 市民社会ネットワーク

第 I 部

SDGsカリキュラムのための理論

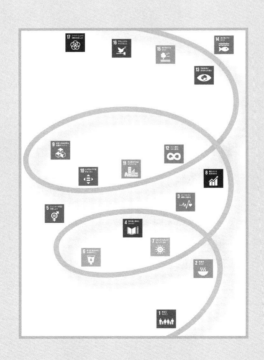

第1章
SDGsと持続可能な開発のため教育（ESD）の課題

　本章では，SDGs の目標のうち，4 番目の「教育」に関する目標を取り上げる。SDG4 に関連する日本の課題としては，途上国への教育協力，国内問題としての子どもの貧困の解消，そして ESD（持続可能な開発のための教育）がある（第 1 節）。

　ESD を推進するためには「カリキュラム観」の転換が必要であり，教師の役割も知識伝達を行う「教授者」から，子どもの学びをコーディネートする「ファシリテーター」の役割が求められる。学びの方法としては，参加型学習や実社会とのつながりが大切である。また，SDGs の内容は，各教科・領域にまたがっていることから，カリキュラム・マネジメントが求められる（第 2 節）。

　最後に，SDGs 学習において留意すべきことを，今後のグローバル化社会を見据えながら指摘する。とくに，グローバル経済から離れたところにある「居場所」の必要性について指摘し，SDGs のスローガンである「誰一人取り残さない」を実現する際に重要であることを述べる（第 3 節）。

1 SDGs と教育の課題

(1) SDGs における教育目標

　SDGs のなかでは教育は 4 番目の目標である。SDG4 は「すべての人々に包摂的かつ公平で質の高い教育を提供し，生涯学習の機会を促進する」となっていて，さらに 7 つのターゲット（到達目標）が示されている（表 1-1）[1]。

　SDG4.1 ～ 4.4 において，2030 年までにすべての子どもが，就学前教育，初等教育，中等教育，高等教育，職業技術教育を修了ないしはアクセスできることが到達目標となっている。MDGs（ミレニアム開発目標，2 頁参照）においてはすべての子どもが初等教育を修了できることが目標であったが，アフリカ地域を除いては全員就学に近づいているために，小学校以前および以後の教育の充実が求められたのである。SDG4.5 では女性および障害者，先住民など脆弱な立場にある子どもが，平等にあらゆるレベルの教育にアクセスできることが強調されている。これは，SDGs のスローガンである「誰一人取り残さない」という原則を教育の場合に述べているものである。SDG4.6 は教育機会に「取り残された」若者・成人のための識字教育の必要性について言及している[2]。

　以上のターゲットは MDGs 終了後に残された課題であり，主に開発途上国における教育機会の充実を述べている。日本には開発途上国に対する国際協力，とりわけ教育協力の分野での貢献が期待されている[3]。しかしながら，日本においても公教育から「取り残されている」子どもや若者は存在する。たとえば，子どもの貧困問題でも指摘されたように，義務教育以降の高校進学や大学進学において貧困家庭の子どもが厳しい状況におかれていることなどである。この問題は SDG1 の貧困にも深く関わっている。SDG1.2 には，各国定義による貧困を 2030 年までに半減させる，というターゲットがある。日本においては相対貧困率が 16％（2016 年時点）であるのだから，これを 2030 年までに 8％まで縮小させるための政策がとられるべきであろう。

第 1 章　SDGs と持続可能な開発のため教育（ESD）の課題

表 1-1　SDG4（教育）の目標とターゲット

SDG4 の目標
　すべての人々に包摂的かつ公平で質の高い教育を提供し，生涯学習の機会を促進する

ターゲット
　4.1　2030 年までに，全ての子供が男女の区別なく，適切かつ効果的な学習成果をもたらす，無償かつ公正で質の高い初等教育及び中等教育を修了できるようにする。
　4.2　2030 年までに，全ての子供が男女の区別なく，質の高い乳幼児の発達・ケア及び就学前教育にアクセスすることにより，初等教育を受ける準備が整うようにする。
　4.3　2030 年までに，全ての人々が男女の区別なく，手の届く質の高い技術教育・職業教育及び大学を含む高等教育への平等なアクセスを得られるようにする。
　4.4　2030 年までに，技術的・職業的スキルなど，雇用，働きがいのある人間らしい仕事及び起業に必要な技能を備えた若者と成人の割合を大幅に増加させる。
　4.5　2030 年までに，教育におけるジェンダー格差を無くし，障害者，先住民及び脆弱な立場にある子供など，脆弱層があらゆるレベルの教育や職業訓練に平等にアクセスできるようにする。
　4.6　2030 年までに，全ての若者及び大多数（男女ともに）の成人が，読み書き能力及び基本的計算能力を身に付けられるようにする。
　4.7　2030 年までに，持続可能な開発のための教育及び持続可能なライフスタイル，人権，男女の平等，平和及び非暴力的文化の推進，グローバル・シチズンシップ，文化多様性と文化の持続可能な開発への貢献の理解の教育を通して，全ての学習者が，持続可能な開発を促進するために必要な知識及び技能を習得できるようにする。

（2）SDGs と日本の教育

　SDG4 に関連して，日本の教育が考えるべきことは教育協力，子どもの貧困問題とともに，ESD の推進があげられる。それは SDG4.7 として示されている（表 1-1）。

　ここでは，ESD，ジェンダー教育，平和教育，グローバル市民教育，多文化教育などを 2030 年までに推進することが述べられている。これを受けて，文部科学省は 2020 年度から実施される学習指導要領の前文で，これからの教育の目的を次のように説明している[4]。

　これからの学校には，こうした教育の目的及び目標の達成を目指しつつ，一人一人の児童が，自分のよさや可能性を認識するとともに，あらゆる他者を価値のある存在として尊重し，多様な人々と協働しながら様々な社会的変化を乗り越え，豊かな人生を切り拓き，持続可能な社会の創り手となることができるようにすることが求められる。
（下線筆者）

文中にある「こうした教育の目的及び目標」とは1947年制定の教育基本法に示された「平和で民主的な国家及び社会の形成者」のことである。学習指導要領において，育てるべき人間像が示されたのは実に70年ぶりのことである。2020年代（すなわちSDGs達成までの期間）の教育の目的が「持続可能な社会の創り手」を育てることであると明記されたことにより，SDGsを含む教育内容が新しい時代の学習において最重点項目となったといっても過言ではない。

② ESDとSDGs学習

(1) 国連ESDの10年

　ESD（持続可能な開発のための教育）は，「国連ESDの10年（2005-14）」によって促進された。国連ESDの10年は，2002年にヨハネスブルグで開かれた「持続可能な開発に関する世界首脳会議」において採択された。日本は国連ESDの10年の提唱国であった。国連機関のなかではユネスコがその主導機関となり，ESDについて次のように説明していた[5]。

> 　持続可能な開発のための教育は，すべての人々が持続可能な未来を形成するのに必要な知識，技能，態度，価値を獲得することをめざすものである。ESDは主要な持続可能な開発課題を教えかつ学ぶものである。それらは例えば，気候変動，防災・減災，生物多様性，貧困削減，持続的な消費である。ESDは，参加型の教授と学習の方法を求めるものであり，それは学習者が持続可能な開発のための態度変容と行動を促しエンパワーするものである。ESDは最終的には，協同的な営みにより，批判的な思考，想像力豊かな未来創造，意思決定を行う能力（コンピテンシー）を促進するものである。

　ESDの学習内容として，気候変動，防災・減災，生物多様性，貧困削減，持続可能な消費が例示されていて，のちのSDGsの内容と一致していることがわかる。日本政府においては主に文部科学省と環境省がESDを主導した。2011年度実施の学習指導要領においては，持続可能な社会の構築やESDについて各教科領域に多くの文言が採用された。実際にはユネスコスクールを中心にESDが推進された[6]。

第 1 章　SDGs と持続可能な開発のため教育（ESD）の課題

(2)　ESD の担い手—環境教育と開発教育

　国連 ESD の 10 年の成立過程で環境教育の関係者が多く関わっていたので，ESD の実施にあたっても環境教育関係者が熱心であった。いっぽうで，ESD の学習内容には環境問題と並んで開発問題があったために，開発教育関係者もその主要な担い手として期待された。

　日本の環境教育には「自然保護教育」「公害教育」「野外教育」の３つの教育のルーツがあり，これらが 1980 年代に国際的な動向を受けながら環境教育としてまとまりをみせ，1990 年には日本環境教育学会が設立された。環境教育が広まるようになるのは，1992 年の地球サミット以来であり，文部省からはその前後に『環境教育指導資料』が刊行されて，公立学校での環境教育の振興が図られた[7]。

　1990 年代の環境教育の主流は自然体験学習やリサイクル型の学習であった。当時の環境教育は，理科系の科目が中心であり，自然を体験することを目的化する傾向があり，社会問題から離れてしまう（脱政治化）という限界があった。そのため 2005 年からの ESD は自然のみならず，社会，経済，政治的な文脈のなかでの環境問題の解決をめざしている点で，環境教育に新たな方向性を与えるものであった。

　日本の開発教育は 1980 年代に始まった教育活動で，当初は開発途上国における貧困や飢餓といった「低開発」を問題として，その解決のために先進工業国の住民としてできること，してはいけないことを考えるための学びをめざすものであった。したがって初期の主要テーマは貧困，南北格差，そして国際協力などであった[8]。

　1990 年代に入って一連の国連・国際会議での議論を受けて，開発教育は環境，人権，平和，ジェンダーなどのグローバルな課題との関連性を意識するようになる。日本で開発教育を推進する担い手によって 1982 年に設立された開発教育協会（DEAR）では 1997 年に，発足以来使用してきた「開発教育」の定義を改訂し，南北問題だけでなくグローバルな課題の理解と解決のための教育

16

と再定義した[9]。このときから DEAR は ESD の活動を実質的に開始していたということができる。その後，DEAR は「総合的な学習の時間（総合学習）」の導入をにらみながら，参加型学習の手法づくり，開発問題のカリキュラムづくり，学校・NGO・地域の連携に関する研究会を立ち上げて，それらの研究成果をもとにハンドブックづくりなどに取り組んできた[10]。

　DEAR においては，2005 年の「国連 ESD の 10 年」の間に，次の 3 点が実施された。

① 開発教育の観点から ESD カリキュラムを構想する（第 3 章参照）。

② 国際的な課題のみでなく，地域課題にも向き合うファシリテーターを養成する（第 4 章参照）。

③ ESD に関わるアジア・太平洋の教育機関や NGO とのネットワークづくりを推進する[11]。

　SDGs の学習内容はこれまでの ESD の内容の延長線上にあるので，SDGs の教育を推進するにあたっても基本的にはこれまでの ESD を踏襲した教育学習活動となるであろう。しかしながら，国連 ESD の 10 年を推進するにあたって，主に環境教育をベースとした担い手と，開発教育・国際理解をベースとした担い手があったため，今後 SDGs の教育学習活動を展開する際にも，それぞれのアプローチのちがいや両者の間の葛藤が生じる可能性にも留意しておきたい。

(3) カリキュラム観の転換

　それでは ESD を実践するにあたってはどのような学習が行われるのであろうか。SDGs のように複雑で広範な地球的課題を理解し，自分たちの問題としてつなげていくことは決してやさしいことではない。学習方法の観点からみたとき，ESD の内容である地球的課題の学習には，先のユネスコの説明にもあるようにいくつかの特徴がある。それは，①問題解決的であり，②未来志向であり，③知識の獲得だけでなく態度の変容が求められていることである。地球温暖化のように課題に対する回答が複数あり，しかも正解は未来にしかわから

第1章　SDGsと持続可能な開発のため教育（ESD）の課題

ない，というような問題を学ぶためには，従来のような知識伝達型の教育では不可能である。

　従来の教育は図1-1のような学習過程を想定してきた。教員が学習の目的を設定して授業計画をつくる。学習者はそれを受動的に学んで，当初の学習目標をどこまで達成したかによって評価されるという図式である。そして学習の目的や内容については，公的に制度化されたカリキュラム（たとえば，学習指導要領）に従っている。これに対して，2002年度から公立学校に導入された総合学習や，ESDのようなグローバル課題の学習におけるカリキュラム観は，「『上から計画され評価される』ものとしてではなく，『教師と生徒との関わりのなかで生成される』もの」としてカリキュラムを捉えている。そして，その学習は図1-1のように直線的に進行するのではなく，図1-2のようにらせん的に進むものである。あるテーマについて学ぶ際に，あるときは教員が授業で知識を与え，また別の段階では生徒が調べ学習を行い，さらにワークショップで疑似体験をし，あるいは地域に出かけてフィールドワークを行うというような学びである。それぞれがひとまとめの完結した学びであっても，全体としてはより高い目標に向かって徐々に近づいていくというイメージである。

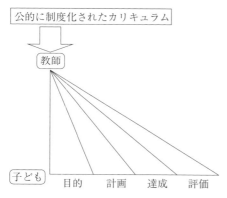

図1-1　従来の知識伝達型のカリキュラム
出典：ESD開発教育カリキュラム研究会編
　（2010：196）

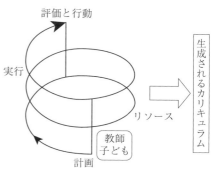

図1-2　らせん的なカリキュラム
出典：ESD開発教育カリキュラム研究会編
　（2010：197）

18

ここにおいては教師の役割は，従来の知識の提供者のみではなくなる。生徒のさまざまな体験と知識を引き出すファシリテーターであり，学習全体の構成を考えるプロデューサーでもあり，学校と社会をつなぐコーディネーターでもある（第4章参照）。また，生徒とともに学び，進歩していく一人の学習者でもある（67, 127頁参照）。

（4）SDGsカリキュラムの特徴

　SDGs学習のためのカリキュラムについては第3章で詳細に解説している。ここでは以下の3点を述べておきたい。それは，参加型学習とワークショップ，学校と社会の連携，カリキュラム・マネジメントである。

① 参加型学習とワークショップ

　SDGsの学習は，学習者自らが主体的に参加して自己変革を行うような学習活動である。そのためには知識伝達型ではなく参加型学習が有効である。参加型学習は地球的課題のように答えそのものが多様であり，答えを見いだすプロセスを重視する学習活動において重視される。

　DEARでは，参加型のワークショップについてイギリスのグローバル教育の事例などに学びながら研究を進めてきた。そして，数多くの参加型学習の教材を製作してきた（その一部は資料編で紹介）。とくに『ワークショップ版　世界がもし100人の村だったら』はESDの現場で盛んに活用されている[12]。これは，教室の子どもたちが世界のどこかの住民となり，文化や言語の多様性を体験するものである。また大陸ごとに分かれることにより，人口の偏りや貧富の格差を実感する。SDGsの背景となっている世界の現実を可視的に体験できる教材である。

② 学校と社会の連携

　ワークショップ型の参加型学習は，確かに知識のみならず態度やスキル獲得に有効な手法である。しかしながら，あくまでそれは「擬似的な」体験にすぎない。ESDは子どもたちが将来，社会に参加するための教育でもあり，その

第 1 章　SDGs と持続可能な開発のため教育（ESD）の課題

ためには実際の社会との交流のなかで学びを深めることが大切である。

　上智大学で講義型と参加型による授業を展開した事例（第 9 章）では，参加型の授業は確かに知識や意識面で学習効果はみられたが，一段階上の学習に達するためには，今後フィールドワークなど実際社会との接触が必要であると結論づけている（168 頁）。上尾東中学校（第 6-7 章），大妻中野中高（第 8 章），そして YMCA の地球市民プロジェクト（第 10 章）のいずれの事例も，フィールドワークを採用することによって，学生や若者の社会参加意識を高めることを試みている。そのためには学校のなかにとどまらずに，地域，自治体，社会教育施設，企業，NPO などとの連携が求められる。

　③ カリキュラム・マネジメント

　SDGs の 17 目標は広範な課題を扱っていて，その教育も従来の教科の枠組みを超えている。SDGs 学習の目的を達するためには，社会科，理科，家庭科などを中心としながらも，総合的な学習の時間や学校行事などとも連携して，最終目的であるところの「持続可能な社会の担い手」づくりを行うことが望ましい。そのためには，各教科・領域の SDGs 関連の単元や学習活動を時間軸に沿って表示した「ESD カレンダー」の活用が有効である（第 3 章，57 頁参照）。

③ SDGs 学習をめぐるいくつかの課題

　これまで SDGs を学び，教えるための課題について解説してきたが，一方で SDGs 自体がかかえている矛盾や葛藤についても知っておく必要がある。なぜなら，SDGs 学習を進めていくなかで，SDGs や世界の現実がかかえる問題について生徒や学生から疑問や批判が出てくることが当然予想されるからである。

（1）MDGs がめざした世界

　貧困削減に成功したとされる MDGs（ミレニアム開発目標）はどのような世界をめざしていたのであろうか。図 1-3 の（A）は 2000 年の時点の世界の富の偏在の状況を示したものである[13]。所得額に応じて世界の人口を 5 分割すると，

3 SDGs学習をめぐるいくつかの課題

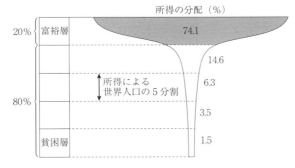

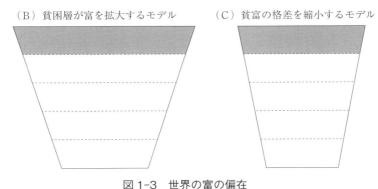

図1-3　世界の富の偏在
出典：(A) は UNDP（2005）より筆者作成，(B)(C) は筆者作成

　世界人口の20％を占める富裕層が世界の総所得額の74.1％を所有している。それに対して，最貧困層の20％の人々はわずか1.5％の富を所有しているにすぎない。世界の所得の格差を図示するとシャンパングラスのような形になる。

　MDGsはもともと先進工業国ではなく，開発途上国の開発をめざした目標であった。図1-3でいえば，(A)の下半分の人々の所得を拡大することで貧困の問題の解決しようとした。したがって，概念的に図示すると(B)のように，下半分の部分を拡大していくこと（所得を増加させること）で，貧困問題を解決しようとするので，最終的には台形のような形になる。すなわち，富裕層から貧困層に，所得を分配するのではなく，世界全体のパイを拡大して貧困を減少

21

第 1 章　SDGs と持続可能な開発のため教育（ESD）の課題

させようという路線である。(B) では最富裕層の総所得は変わらないか増大してはいるものの，貧困層の所得も同時に増加するので「不満」は出にくい。(B) の問題点は，全体の面積（総所得）が (A) に比べて拡大していることである。これは生産の拡大を示しているのであり，地球環境という観点からみると，環境負荷は高まり，環境悪化の危険性が高い。

　IPCC（気候変動に関する政府間パネル）は，地球温暖化についてもしこのまま国際社会が何も対策をとらないと，西暦 2100 年の地球の気温は産業革命前と比較して 3.7 ～ 4.8 度上昇すると予測している。IPCC は人類の生存のためには，2100 年の気温上昇を産業革命以前と比較して 2 度以内に収めることが必要であると警告している[14]。(B) のように，貧困層の所得を拡大させて，世界全体の所得も膨張するようなモデルでは，2 度以内に気温上昇を押さえることは実現不可能であろう。地球温暖化を防止する観点からは，全体の総面積をできるだけ増やさずに，所得の分配が行われ貧困解消につながる (C) のようなコップ型のモデルが望ましいであろう。

　SDGs は，貧困の撲滅のみならず，持続可能な社会づくりという ESD 系の目標をも併せもっている。それは SDG13（気候変動），SDG14（海の生物），SDG15（陸の生物）である。それでは，SDGs 路線ならば (B) のような台形ではなく，(C) のようなコップ型になり，地球全体の平均気温の上昇を 2 度以内に抑えるという IPCC の提案をクリアできるのであろうか。この点では SDG10 に「国内および国家間の格差を是正する」が入っているものの，その具体的な数値目標などは現時点では策定中である。しかしながら，SDGs 自体が国連加盟国全体の合意を得ねばならず，格差の是正についてはその権益を失う側から厳しい反発が予想される。また SDGs が具体的な目標を定めたとしても，他方で国際社会は TPP（環太平洋パートナーシップ協定）など参加国に対して法的拘束力をもった自由貿易協定が数多く結ばれているので，それらとの整合性に欠けることになる。SDGs の数値目標と，地球温暖化の新たな枠組み，そして自由貿易の諸協定の動向とともに注視する必要がある。

③ SDGs学習をめぐるいくつかの課題

(2) グローバル化社会と私たち

グローバル化する社会に対して、私たちはどのように対処したらよいのであろうか。どのような教育が望ましいのであろうか。グローバル化の時代に対応できる人間を育てるために「グローバル人材」の育成が声高に叫ばれている。文科省は2012年度より大学が実施する「グローバル人材育成推進事業」を推進し、また2014年度からは高校が実施する「スーパーグローバルハイスクール」構想に補助金を支出している(第8章参照)。スーパーグローバルハイスクールの公式ホームページによると、グローバル人材の育成とは「国際化を進める国内外の大学を中心に、企業、国際機関等と連携を図り、グローバルな社会課題、ビジネス課題をテーマに横断的・総合的な学習、探究的な学習を行う」ことであるという[15]。高校でも大学でも、実際に行われているグローバル人材育成には大きく2つの傾向があることがわかる。上記の文章にも「グローバルな社会課題」「ビジネス課題」と書かれているようにこの2つの課題を追究するような教育活動が行われている。グローバルな社会課題とはSDGsのほとんどの課題であり、ビジネス課題とはグローバル経済に乗っていくための学習課題であり、SDG7〜9に示されている。

しかしながら、図1-4にあるようにビジネス課題とグローバルな社会課題とは相反することもしばしばである。貧困・格差や難民などのグローバルな社会課題は、圧倒的なグローバル経済の負の側面として現れることが多い。なぜなら、世界全体を単一の自由市場化するグローバル経済は、ますます世

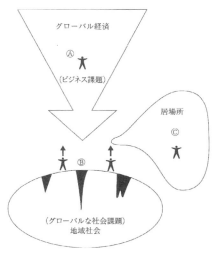

図1-4 相反するビジネス課題とグローバル課題
出典：筆者作成

23

第1章　SDGsと持続可能な開発のため教育（ESD）の課題

界の貧富の格差を拡大し，そのことが貧困や紛争の主要な要因となっているからである。それでは，グローバル人材として期待される生徒・学生たちは，グローバル・ビジネスを推進する側になるのか，それともグローバルな社会課題の解決に取り組む側になるのか，どちらの可能性が高いであろうか。多くの生徒・学生たちは企業に就職して，グローバル・ビジネスを積極的に推進するか，あるいはそれに巻き込まれることになるであろう。この場合，図1-4のⒶの位置に立つことになる。

　いっぽう，グローバルな社会課題に取り組むには，グローバル経済から取り残されたり，被害を被っている「弱い立場」の人々に寄り添うことが必要となる。ときにはグローバル経済と「戦う」ことになるかもしれない。図ではⒷの位置である。仕事としては，たとえば国連職員や福祉関連，そしてNGO・NPOが思いつくが，就職先としてはきわめて間口が狭いのが現状である。もっとも公務員や教員など，そのどちらともいえない仕事もあるし，最近ソーシャルビジネスとして両者を同時に追求していこうとする動きもある。また，一人の人間が双方に関わる可能性もある。平日は貿易や投資関連の会社に勤務し，休日は環境保全のためのボランティアに参加するというようなケースである。

　問題は，Ⓐの立ち位置もⒷの立ち位置も，ともに激しく流動するグローバル経済に常に向き合うことである。これはかなりストレスを溜め込むことになる。すでに世界を単一市場としている金融業界は，24時間休まずに取引が行われている。日本の証券市場は朝9時から午後4時までであるが，ニューヨークの市場は午後11時から明け方の3時までである（冬時間）。世界の市場と常に向き合っていたら，寝る時間もなくなってしまう。健康にも影響が出るであろうし，場合によっては過労死の危険性もある。社会課題に取り組むⒷの立ち位置にしても同じである。グローバル経済の影響は圧倒的であり，単に貧富の格差を拡大しているにとどまらず，世界規模で地域社会を分断し，人々を孤立化の方向に向かわせている。その影響を抑えたり，回復させたりすることは容易ではない。ましてや，グローバル経済のシステム自体に異を唱えて，新しい

システムをつくろうとすれば，気の遠くなるような作業が必要であろう。

　そこで，グローバル経済の影響を受けないか，その影響が軽微であるような空間として「居場所」の重要性を指摘しておきたい（図の◎）。◎はグローバル経済の影響を受けない空間，すなわち人間関係を中心とした空間であり，文化活動を営む空間でもある。具体的には，コミュニティ・カフェや公民館のような地域の人々の集まりであったり，同じ趣味やスポーツを楽しむ者同士の集まりであったりする。ここは，Ⓐにいて疲れた人にとっては「避難場所」であり「癒し」の空間である。またⒷにいた人にとっても「休養」の場であり，新たな戦いに備えての「充電」の場でもある。日々の仕事から離れて，新しいアイデアや価値を考える「創造」の場であったり「自己実現」の場でもある。視野を広げれば，居場所こそがそれぞれの地域や国の文化芸術の創造につながる場である。SDGsでは文化の価値についてはほとんど語られていないが，「持続可能な社会」にとって最も大切な価値の1つであろう。

（3）SDGsと居場所論

　ここで居場所論をもち出したのは，それがSDGsのスローガンである「誰一人取り残さない」に関わっているからである。居場所論は，もともとは若者を対象とした実践や研究のなかから洗練されてきた概念である。この用語が広まるきっかけとなったのは，1992年に文部省が不登校問題への対策として報告書を発表し，その副題に「心の居場所」を使用してからである[16]。以後，「居場所」をタイトルに用いる出版物が増えた。

　筆者らの研究では居場所には3つの要素がある。第一は，文字どおり「場所」である。すなわち居心地のよい安全な空間をさす。第二は，安心できる「人間関係」である。少なくとも危険を感じることがなく，多少あつれきはあってもそれを解決できる人間関係があることが大切である。第三は，近未来への時間展望である。現代では若者だけでなく，どの年齢層の人でも5年先，10年先の自分の姿を想定することがむずかしい。近い将来について少しでも見通せる

第 1 章　SDGsと持続可能な開発のため教育（ESD）の課題

場所が「居場所」なのである。若者の場合，それは少し年長の人の生き方がモデルとなるであろう。居場所とは，安心できる場所，信頼できる人間関係，近未来への時間展望という 3 つの要素がそろった「場」のことをさしている。

　家庭にも学校にも職場にもどこにも「居場所がない」と人間はどうなるであろうか。そのストレスが自身の内側に向かった場合は「ひきこもり」などになる。この場合，自分の部屋などの最小限の空間が居場所であり，外部社会とのつながりを絶ってしまう。ストレスが外部に向かった場合，暴力や他者の排除，ときには過激な行動となることもある。図 1-5 は欧米社会をモデルにしている。たとえば，イギリスやフランスである。イギリスの中間層の若者は，社会のなかで非常に不安定な位置にいる。イギリスでは経済状況が悪化すると，まっさきに解雇されるのは中高年ではなく若年層である。会社への勤務歴が短い者から解雇されるからである。こうした若者が，より弱い立場にある移民の若者を排除したり攻撃する傾向にある。また，BREXIT（EU からの離脱運動）のように移民排斥を扇動する政治勢力が力を得ている。英国国籍をもっている移民の若者たちですら，イギリス社会において雇用の面では不利な立場におかれているので，景気が悪化すると経済的にも社会的にもますます厳しい立場におかれる。

　こうして移民の若者たちはイギリス社会に希望をもてなくなり（近未来への展望がなくなり），イギリス社会での「居場所」を失う（図 1-5）。いっぽう，イスラム社会は一般に，宗教，政治，教育，福祉が一体化した社会を構成している。すなわち，いったんそこに入れば，衣食住，教育，福祉の心配がなく，宗教的価値も確立しているので将来への不安がなくなり，希望をもつことができる。まさに居場所の 3 要素をすべて備えた社会である。「欧州社会

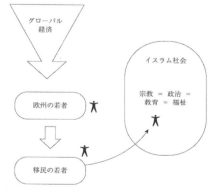

図 1-5　グローバル化と居場所
出典：筆者作成

から排除され居場所がないあなたにも，何か役割があるはずです。一緒に「イスラム国」の建設に参加しましょう」という誘いの手に乗る者がいたとしても不思議ではないだろう。したがって，欧州社会の安定を考えるならば，移民の若者も含めて，すべての若者がその社会に「居場所」があると感じられる社会づくりが必要である。そのためには，失業対策など経済的な側面も大切であるが，同時に多文化共生を保証する社会づくりこそが課題となる。英国では，学校教育でもユースワーク（青少年の社会教育）でも，多文化共生は１つの大きなテーマであり，過去そのための実践も続けられてきた。しかしながら，この方面ではなかなか目に見える成果が上がらないのが実情である。

SDGs の標語は，「誰一人取り残さない（leave no one behind）」である。世界全体の生活水準が底上げされるなかで，それでも取り残されたり，排除された人々に焦点を当てるものである。とするならば，このスローガンを否定型ではなく，肯定型にして次のように表現してはどうだろうか。

> 「だれにでも居場所がある世界を」 "Make a world everyone has Ibasho ！"

「居場所」とは単に空間的な場所なのではなく時間展望と人間関係をも含む用語である。そのため，適切な英語訳が存在しない。そこで ibasho をそのまま英語で使用せざるをえない[17]。「誰にでも居場所がある世界」づくり，それはこの日本社会にとっても大きな課題である。経済的な側面も社会的側面も含めて「居場所」がある社会づくりとは何なのか，私たちに何ができるのかをSDGs の実現のために考えてみたい。

［田中 治彦］

注
1）外務省「SDGs とは？」https://www.mofa.go.jp/mofaj/gaiko/oda/sdgs/about/index. html（2019 年 9 月 25 日最終閲覧）。
2）SDG4 をめぐる教育課題については以下を参照のこと。北村友人・佐藤真久・佐藤学編（2019）『SDGs 時代の教育―すべての人に質の高い学びの機会を』学文社。

第 1 章　SDGs と持続可能な開発のため教育（ESD）の課題

3）教育協力については以下を参照のこと。高柳彰夫・大橋正明編（2018）『SDGs を学ぶ—国際開発・国際協力入門』法律文化社。および小松太郎編（2016）『途上国世界の教育と開発—公正な世界を求めて』上智大学出版。

4）文部科学省「中学校学習指導要領（平成 29 年 3 月告示）」p.17　http://www.mext.go.jp/component/a_menu/education/micro_detail/__icsFiles/afieldfile/2018/05/07/1384661_5_4.pdf（2019 年 9 月 25 日最終閲覧）。

5）http://www.unesco.org/new/en/education/themes/leading-the-international-agenda/education-for-sustainable-development/（2010 年 5 月 1 日最終閲覧）。

6）ユネスコスクールは，ユネスコ憲章に示されたユネスコの理念を実現するため，平和や国際的な連携を実践する学校である（2018 年 10 月現在で全国で 1116 校）。

7）文部省『環境教育指導資料』中学校・高等学校編（1991），小学校編（1992），事例編（1995）。

8）開発教育の歴史については以下を参照のこと。田中治彦（他）編（2016）『SDGs と開発教育—持続可能な開発目標のための学び』学文社，p.2-17。

9）DEAR では，開発教育を「私たちひとりひとりが，開発をめぐるさまざまな問題を理解し，望ましい開発のあり方を考え，共に生きることのできる公正な地球社会づくりに参加することをねらいとしている」と説明したうえで，具体的な教育目標として「文化の多様性の理解」「貧困と南北格差の原因の理解」「地球的諸課題の関連性の理解」「自分と世界とのつながりの気づき」「問題解決への参加の能力と態度」の 5 項目を上げている。

10）開発教育協会編（2003）『参加型学習で世界を感じる—開発教育実践ハンドブック』開発教育協会。

11）阿部治・田中治彦編（2012）『アジア・太平洋地域の ESD —持続可能な開発のための教育の新展開』明石書店。

12）開発教育協会編（2016）『ワークショップ版　世界がもし 100 人の村だったら（第 5 版）』開発教育協会。

13）UNDP（2005）*Human Development Report 2005.* http://hdr.undp.org/sites/default/files/reports/266/hdr05_complete.pdf（2019 年 9 月 25 日最終閲覧）。

14）環境省（2013）「気候変動に関する政府間パネル（IPCC）第 5 次評価報告書（AR5）について」http://www.env.go.jp/earth/ipcc/5th/（2019 年 9 月 25 日最終閲覧）。

15）文部科学省「スーパグローバルハイスクールについて」http://www.mext.go.jp/a_menu/kokusai/sgh/（2019 年 9 月 25 日最終閲覧）。

16）文部省（1992）『登校拒否（不登校）問題について—児童生徒の「心の居場所」づくりを目指して：学校不適応対策研究協力者会議報告』http://www.mext.go.jp/b_menu/shingi/chukyo/chukyo3/siryo/06042105/001/001.htm（2019 年 9 月 25 日最終閲覧）。

17）筆者は，英語では居場所を "a place or community one feels home" と説明している。居場所については，田中治彦・萩原健次郎編（2012）『若者の居場所と参加—ユースワークが築く新たな社会』東洋館出版社。

第2章
新しい学力観とSDGsカリキュラム

　2014年11月20日，文部科学大臣から中央教育審議会への諮問があり，学習指導要領の改訂作業が開始された。約2年間の議論を経て，2016年12月21日，中央教育審議会は「幼稚園，小学校，中学校，高等学校及び特別支援学校の学習指導要領等の改善及び必要な方策等について」(以下，答申) を公表する[1]。そして，2017年3月より順次，学習指導要領が告示された[2]。

　2017年版学習指導要領において，SDGsとカリキュラムの関係は，単に1つの独立した内容としてSDGsを学ぶということにとどまらない。少なくとも次の4つの意味合いにおいて，SDGsの理念なり内容を全体としてのカリキュラムのあり方に反映することを要請している。

　① 資質・能力を基盤とした学力論

　② 社会に開かれた教育課程

　③ 教科等横断的な視点

　④ 知識の質への注目

　本章では，近年における世界のカリキュラム改革の動向をもふまえながら，2017年版学習指導要領の特質を検討することを通して，今後におけるSDGsとカリキュラムの創造について，そのあるべき関わりの姿を考える。

第 2 章　新しい学力観と SDGs カリキュラム

① 資質・能力を基盤とした学力論

（1）学力論の大幅な拡張と刷新

　長年にわたり，学校教育は知識・技能の習得を主な課題として進められてきた。しかし，知識の習得それ自体はゴールではない。それらを自在に活用して質の高い問題解決を成し遂げ，個人としてよりよい人生を送るとともに，よりよい社会の創造に主体として参画できるところまでを視野に入れる必要がある。

　ならば，生涯にわたる洗練された問題解決の実行に必要十分なトータルとしての資質・能力（コンピテンシー：competencies）の育成を最優先の課題として，学校教育を抜本的にデザインしなおしてはどうか。これが，資質・能力を基盤とした教育の基本的な考え方である。

　それは，教育に関する主要な問いを「何を知っているか」から「何ができるか」，より詳細には「どのような問題解決を現に成し遂げるか」へと転換する。そして，学校教育の守備範囲を知識・技能の習得にとどめることなく，それらをはじめて出合う問題場面で効果的に活用する思考力・判断力・表現力などの汎用的認知スキルにまで高め，さらに粘り強く問題解決に取り組む意欲や感情の自己調整能力，直面する対人関係的困難を乗り越える社会スキルの育成にまで広げること，すなわち学力論の大幅な拡張と刷新を求める。知識・技能についても暗記的な状態から概念的意味理解へ，要素的な状態から相互に関連づき，全体として統合されたものへと，その質を高めようとの動きが顕著である。

　まず，1997 〜 2003 年にかけて OECD の DeSeCo プロジェクト[3]がキー・コンピテンシーを提起し，PISA[4]をはじめとする国際学力調査に導入した。いっぽう，EU はキー・コンピテンシーを独自に定義し，域内における教育政策の共通的基本枠組みとする。北米では 21 世紀型スキルという名称の下，主に評価をめぐって検討が行われ，その成果は後に PISA にも反映された。このような動向はイギリスやオーストラリアなどにも波及し，現在，多くの国や地域で資質・能力に基づくカリキュラム開発や教育制度の整備が進行中である。

　2017 年版学習指導要領の学力論も，この流れのなかに位置づく。そこでは，

1 資質・能力を基盤とした学力論

生きて働く「知識及び技能」，未知の状況にも対応できる「思考力，判断力，表現力等」，学びを人生や社会に生かそうとする「学びに向かう力，人間性等」からなる「資質・能力の3つの柱」として学力論が整理されている（図2-1）。

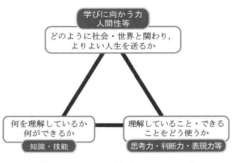

図2-1　資質・能力の3つの柱

(2) 包摂的で持続可能な未来の創造という価値観

2017年版学習指導要領も含め，資質・能力を基盤とした教育では，学力論をその根本から見直し，大幅な拡張と刷新を進めてきた。そこでは，生涯にわたる洗練された問題解決の実行に必要十分なトータルとしての資質・能力の育成がめざされる。

しかし，資質・能力の育成，すなわち洗練された問題解決が実行可能となるところでとどまっていては，教育の計画，すなわちカリキュラムの構想としては不十分である。さらに，実現された問題解決の実行可能性を何のために，どのように用いるのかについても，しっかりと展望すべきであろう。

この点について，OECDの「2030年に向けた学習の枠組み（The Learning Framework 2030）」では，地球全体のウェル・ビーイング（well-being）の実現，すなわち，すべての人々が個人的にも社会的にも健やかに生きることができる未来の創造を，教育がめざすべき最終目標としている。そして，それを支えるものとしてコンピテンシー，つまり資質・能力が位置づけられているのである（図2-2）[5]。

ここで大切になってくるのは，包摂的で持続可能な未来（inclusive and sustainable future）の創造という価値観である。先進国を中心に経済を優先した開発を進めてきた結果，現在，地球上には格差の拡大や環境の破壊などさま

第2章　新しい学力観とSDGsカリキュラム

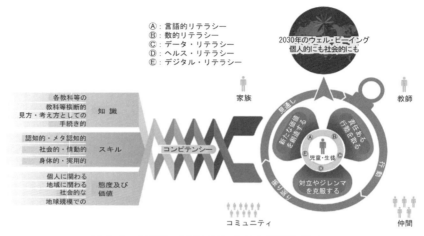

図2-2　OECD 2030年に向けた学習枠組み
出典：「2030年に向けた学習の枠組み（The Learning Framework 2030）」（筆者訳）

ざまな問題が生じている。これら，開発をめぐる数々の問題を理解し，望ましい開発のあり方を考え，すべての人が共生できる公正な地球の未来を創造する営みに参画することが今，私たちに，そして子どもたちに求められている。

2017年版学習指導要領でも，同様の理解に基づき，幼稚園から高等学校に至るすべての前文に，次のような記述がなされた。

> 一人一人の生徒が，自分のよさや可能性を認識するとともに，あらゆる他者を価値のある存在として尊重し，多様な人々と協働しながら様々な社会的変化を乗り越え，豊かな人生を切り拓き，持続可能な社会の創り手となることができるようにすることが求められる。
> （中学校学習指導要領前文）

幼稚園から高校まで一貫して，今後におけるわが国の学校教育は，子どもたちを「持続可能な社会の創り手」とすることをめざして計画され，実施されていく。このように国際的にも国内的も，SDGsは単なる1つの教育内容ではなく，カリキュラム全体を基礎づける中核的な価値観となっているのである。

② 社会に開かれた教育課程

(1) よりよい学校教育を通じてよりよい社会を創る

　前節でみたように，資質・能力を基盤とした教育は，個人や学校や各教科等に閉ざされたものではなく，広く社会に開かれ，よりよい世界のあり方を求める価値観のなかで絶えず検討されつづけられるべき性格を帯びている。

　この点に関して 2017 年版学習指導要領は，「社会に開かれた教育課程」という理念を打ち出した。思えばこの表現自体が，従来の学校教育がいかに閉ざされていたかを雄弁に物語っている。そのようなあり方から脱却し，学校教育を抜本的に改革する強い意志が，この言葉には凝縮されているといえよう。

　社会に開かれた教育課程に関わって答申が具体的にあげているのは，次の 3 点である（19，20 頁）。

---

① 社会や世界の状況を幅広く視野に入れ，よりよい学校教育を通じてよりよい社会を創るという目標を持ち，教育課程を介してその目標を社会と共有していくこと。
② これからの社会を創り出していく子供たちが，社会や世界に向き合い関わり合い，自らの人生を切り拓ひらいていくために求められる資質・能力とは何かを，教育課程において明確化し育んでいくこと。
③ 教育課程の実施に当たって，地域の人的・物的資源を活用したり，放課後や土曜日等を活用した社会教育との連携を図ったりし，学校教育を学校内に閉じずに，その目指すところを社会と共有・連携しながら実現させること。

　このうち，③については以前からいわれていることで，実践的にはまだまだ不十分な点は多々あるが，理念としてはとくに新しいものではない。

　対して，①と②に示された考え方はきわめて斬新である。まず，②の「これからの社会を創り出していく子供たち」が，前文の「持続可能な社会の創り手」と呼応していることは，いうまでもない。そのうえで，①の「よりよい学校教育を通じてよりよい社会を創る」という表現について考えてみよう。

　学校教育と社会の関係を巡っては 2 つの考え方があると，教育学では整理されてきた。

　1 つは，その時代の社会が要請する人材を過不足なく適切に供給できるよう，

社会の変化に遅れることなく，しっかりと着いていくのが学校教育の任務であるという考え方であり，社会的効率主義と呼ばれてきた。

もう1つの考え方は，教え・育てた子どもたちが次世代の社会を主体として創出するという筋道を介して，学校教育は社会の変化を先導して生み出すというものであり，社会改造主義と呼ばれる。

「よりよい学校教育を通じてよりよい社会を創る」という表現は，明らかに社会改造主義的な色彩を帯びている。このことは，従来の学校教育が，ともすれば社会的要請に従属・追随しがちであったことを考え合わせるならば，大きな方針転換であるともいえよう。これからの学校には，主体として積極的に社会に関わり，変化を生み出すことが期待されているのである。

もちろん，それは学校だけが先走って一方的に社会を改革するということではない。「社会や世界の状況を幅広く視野に入れ」ながら，また「社会と共有」しながら慎重に進めていくのである。つまり，社会に開かれた教育課程とは，よりよい社会，それは前節で述べた包摂的で持続可能な社会を基本理念とするわけだが，学校はその実現を社会と共にめざしていく，そして当然のことながら，その営みの中核をなすのが教育課程であるとの理念を表現している。

前節では，SDGsが今後の学校教育においてカリキュラム全体を基礎づける価値観であることを確認した。社会に開かれた教育課程という理念はこれをさらに一歩先へと進め，学校がこれまで以上の積極性と主体性をもって社会との間によりよいパートナーシップを形成し，包摂的で持続可能な未来の実現に向けて一定の役割を果たしていく必要があることを明示したものと解釈しうる。

(2) 産業社会の要請に応えて誕生した近代学校

では，そのような「よりよい社会」をこれからめざしていく，現状における「社会や世界の状況」としては，どのようなことがイメージされているのだろうか。この問いを深めることは，これまでみてきた近年における国内外のカリキュラム改革の動向の背景を解き明かし，今後におけるカリキュラム創造の方

2 社会に開かれた教育課程

向性を見いだすことにつながるであろう。と同時に，従来の学校教育が，なぜ，あれほどまでに知識・技能中心の学力論に固執してきたのか，なぜ，ともすれば社会効率主義的であったのかといった疑問への答えをも導くことになる。

現状における「社会や世界の状況」として押さえるべき第一のことは，工業によるモノの生産を礎とした産業社会から，知識の創造と活用が駆動する知識基盤社会へという社会構造の世界史的一大転換である。

18世紀末のイギリスに端を発する第1次産業革命は，それまで永く続いてきた農業社会から産業社会への移行をもたらした。農業社会では，気まぐれな自然に翻弄される不安定な状況下での生産・労働を余儀なくされたが，だからこそ人々は身の周りで生じるすべての出来事に注意を払い，思慮深く考えをめぐらせ，よりよいあり方を求めて常に工夫を怠らず，またお互いに協力して日々の生活や仕事の改善・創造にあたっていた。

いっぽう，産業社会は人為に基づく計画的で安定な生産・労働環境をもたらしたが，同時にもはや自分の才覚をかけての工夫を求められも認められもしないあり方へと，人々の精神を導く契機ともなった。産業社会は，それを可能とした産業機械のように，単純で定型的な労働を淡々と遂行できる能力と心性を人々に強く求めたのである。

今日，ごく普通に学校と呼ばれる教育機関は，この産業社会の新たな要請に応えるべく，近代という時代のただ中に生まれてきた。そこでは，大人社会が定めた現状における「正解」の量的蓄積とその型どおりの運用を徹底することが中心的課題となる。自らの意思で工夫や創造を試みたり，いわんや疑問を差し挟んだりすることは，時に疎んじられこそすれ，あまり歓迎はされない。教師に質問を繰り返したがゆえにわずか3カ月で放校処分となったというエジソンの逸話は，このような近代学校に特有な風土をよく象徴している。

(3) 知識基盤社会の到来

そして，今や社会構造は再び転換期を迎えている。知識基盤社会では，産業

第 2 章　新しい学力観と SDGs カリキュラム

社会とは対照的に「正解」は存在せず，その状況における「最適解」をその都度自力で，あるいは多様な他者と協働して生み出すべく，知識を豊かに創造し活用する資質・能力がすべての人に求められる。産業社会を牽引してきた製造業ですら，もはや基本性能の優秀さだけでは十分ではない。さらに他社や他国との差別化を図るべく，マーケットの潜在的要求をいち早く察知してはそれに具体的な形を与え，あるいは斬新な提案によりマーケット・ニーズを創出する必要がある。そこでは，知的イノベーションこそが富の源泉である。

　加えて，私たちの目前には SDGs として集約されている，国境を超えての力強い連帯と賢明な調整を不可避とする，やはり「正解」のない難問が山積している。もはや，時代は先進工業国家が第 1 次産業革命以来続けてきた奔放で競争的な開発を許さない段階へと突入しており，持続可能な開発の考え方に基づく包摂的で公正な共生社会を新たな原理とした教育への移行は避けがたい。

　そこでは，一人ひとりが自立した個人として，同じく自立した個人たる多様な他者と協働し，よりよい社会のあり方を不断に求めつづけるなかで新たな知識を生みだし，地球規模で流動する状況の変化に創造的に対応していく資質・能力の育成が切実に求められるのである。

(4) AI 時代の到来は教育の「人間化」の好機

　「社会や世界の状況」として押さえるべき第二は，第 4 次産業革命である [6]。その第一の特質は，IoT（internet of thing）とビッグデータである。従来のインターネットは人が情報の授受の対象だったが，今や工場の生産機械や家庭の家電などのさまざまなモノがインターネットにつながり，遠隔・自動での複雑な制御が可能となっている。また，交通や気象から個人の健康まであらゆる情報がデータ化され，これらをネットワークで結んで集約し分析・活用することで，新たな付加価値を生み出せるようになってきた。

　特質の第二は AI（人工知能）である。ディープ・ラーニング技術により，人間がコンピュータにすべての指示を与えなくとも，コンピュータが自ら学習

し，一定の判断を行うことが可能となってきた。こうした技術革新により，従来人間によって行われていた労働が大幅に AI やロボットによって補助・代替されることが予想されている。このことは，教育にとって大きな脅威とも映る。

しかし，いくら優秀になったとはいえ，コンピュータが与えられた目的の範囲内で処理を行っていることに変わりはない。コンピュータと人間は本質的に異なる。今後の教育を考えるには，この点をしっかりと見据える必要がある。

答申では，「人間は，感性を豊かに働かせながら，どのような未来を創っていくのか，どのように社会や人生をよりよいものにしていくのかという目的を自ら考え出すことができる。多様な文脈が複雑に入り交じった環境の中でも，場面や状況を理解して自ら目的を設定し，その目的に応じて必要な情報を見いだし，情報を基に深く理解して自分の考えをまとめたり，相手にふさわしい表現を工夫したり，答えのない課題に対して，多様な他者と協働しながら目的に応じた納得解を見いだしたりすることができるという強みを持っている」（10頁）との指摘がなされている。

第 1 次産業革命がもたらした労働のあり方は，チャップリンが映画『モダンタイムス』で描いたように人間の「機械化」であった。そして，そこへの人材供給のために整備された学校教育も，多分に共通した特質を内在させてきた。

第 4 次産業革命は，第 1 次産業革命が要請した暗記や習熟中心の受動的で定型的な学習との決別を可能にしてくれる。AI の進展により，もはや人間は機械にできることをしなくてもよい。そして，人間にこそできること，人間ならではの強みを伸ばすことに教育はそのリソースを集中できるし，集中すべきである。その意味で，AI 時代の到来は近代学校がその特質を抜本的に見直し，教育の「人間化」を実現する好機であるといえよう。

以上述べてきたような「社会や世界の状況」をふまえ，そこを出発点として，「よりよい社会」としての包摂的で持続可能な社会の実現をめざし，学校教育はカリキュラムを編成し，展開していく。社会に開かれた教育課程という理念は，そのように理解され，また力強く実践されていくことが期待されている。

第 2 章　新しい学力観と SDGs カリキュラム

③ 教科等横断的な視点

　それでは，より具体的に，2017 年版学習指導要領の教育課程編成と授業づくりについてみていくことにしよう。

　教育課程編成については，学習指導要領第 1 章総則の第 2 に記されている。注目すべきは，第 2 の 2 「教科等横断的な視点に立った資質・能力の育成」であろう。教科等横断的な視点で教育課程を編成するという考え方自体は，やはり今回の改訂で新たに提起されたカリキュラム・マネジメントの一環として打ち出されたものであるが，何をめざして教科等横断的に教育課程を編成すべきなのかを具体的に記したのが，この第 2 の 2 である。中学校を例に取れば，具体的には次のような記述となっている（中学校学習指導要領，21 頁）。

---

(1) 各学校においては，生徒の発達の段階を考慮し，言語能力，情報活用能力（情報モラルを含む。），問題発見・解決能力等の学習の基盤となる資質・能力を育成していくことができるよう，各教科等の特質を生かし，教科等横断的な視点から教育課程の編成を図るものとする。
(2) 各学校においては，生徒や学校，地域の実態及び児童の発達の段階を考慮し，豊かな人生の実現や災害等を乗り越えて次代の社会を形成することに向けた現代的な諸課題に対応して求められる資質・能力を，教科等横断的な視点で育成していくことができるよう，各学校の特色を生かした教育課程の編成を図るものとする。

　ここには，従来のような各教科等別の学力育成に加えて，言語能力や情報活用能力など「学習の基盤となる資質・能力」と，「豊かな人生の実現や災害等を乗り越えて次代の社会を形成することに向けた現代的な諸課題に対応して求められる資質・能力」の 2 つについて，その十全な育成を図るべく，教科等横断的な視点に立って教育課程を編成していく必要のあることが明記されている。

　このうち，(1) は 2008 年版学習指導要領における「言語活動の充実」を，さらに発展・拡充させたものと解釈できる。いっぽう，(2) は今回新たに設けられた規定であり，SDGs の教育を推進する観点からはきわめて画期的である。

　これまで，ESD をも含めた，いわゆる現代的な諸課題については，総合的

な学習の時間における内容の候補として「例えば国際理解，情報，環境，福祉・健康などの横断的・総合的な課題」が例示されていたのをはじめ，理科や社会科や家庭科など個別具体的に関連のある各教科等において記載がなされてはいたが，教育課程全体でどのように取り扱っていくのかについて，明確な方針はとくには示されてはこなかった。今回，それが総則の第2という高い位置づけにおいてしっかりと打ち出されたことは，これまでみてきた一連の動きからすれば当然の帰結ではあるものの，やはり特筆すべき大きな進展といえよう。

4 知識の質への注目

（1）思考力とは知識の状態である

最後に，授業づくりとそこにおける学びのあり方について考えたい。

資質・能力を基盤とした教育は，知識の習得にとどまらない，学力論の大幅な拡張と刷新を求める。しかし，それは知識の軽視では決してない。なぜなら，近年の研究によると，質の高い問題解決には領域固有な知識，とりわけ本人が深く考え抜くなかで意味を生成した概念的な知識や統合化された知識は不可欠だからである。一口に知識というが，問題とすべきはその質なのである。

加えて，思考力や判断力と呼ばれてきた心の働きも，知識とは別に存在するのではなく，そういった知識がさまざまな状況や文脈で繰り返し活用されるなかで，どの知識がどのような場面で，またなぜ有効なのかが感得され，さらにそういった経験が整理・統合された結果，いかなる場面でもそこで有効な知識を適切に繰り出せるようになった状態にほかならないことがわかってきた。

場面や状況や問題に応じて適切な知識が個性的・創造的に繰り出され，その結果としてすぐれた問題解決が成し遂げられるのをみるとき，人はその子どもが高度な思考力や判断力を有すると感じるが，現実に子どものなかに存在し，機能しているのは個々の知識だというわけである。

したがって，資質・能力の育成をめざすからこそ，質の高い知識を重視する必要がある。具体的には，暗記的な状態から概念的な意味理解へ，要素的状態

39

第2章　新しい学力観とSDGsカリキュラム

から相互に関連づき，全体として統合されたものへとその質を高めていくことで，現実社会の問題解決に生きて働く知識としていくことが大切である。

　答申は，「個別の事実的な知識のみを指すものではなく，それらが相互に関連付けられ，さらに社会の中で生きて働く知識となるものを含む」（28頁）としたうえで，「子供たちが学ぶ過程の中で，新しい知識が，既に持っている知識や経験と結び付けられることにより，各教科等における学習内容の本質的な理解に関わる主要な概念として習得され，そうした概念がさらに，社会生活において活用されるものとなることが重要である」（29頁脚注60）と述べている。

(2) 知っているつもりを問い直す学び

　それでは，SDGsをめぐって具体的にどのような知識の形成をめざし，どのような授業を展開すべきなのか。1つの事例で考えよう。

　総合的な学習の時間に「地域の自然環境とそこに起きている環境問題」を探究課題として，中学2年生の生徒たちが川と河原の遊歩道の清掃に取り組んだ。しかし，丁寧に清掃しても一週間もすれば元の木阿弥となる状況に落胆し，自分たちの目の前で平気でゴミを捨てていく大人たちに不満を募らせていく。そんなとき，同じくボランティアで清掃活動を続けている地域の人たちに出会う。

　生徒が「いくら頑張っても問題が解決しない」と訴えても，おばさんたちは笑顔で「いいの，自分たちがやりたくてやっているんだから」「やめちゃうと，もっと汚くなるしね」と平然としている。

　そして，「それでもこうやって続けているうちに，段々仲間も増えてきたよ」というので，生徒の一人が「どのくらい続けているの」と尋ねると，「早いもので，15年になるかね」とあっけらかんと答えてくれた。

　生徒たちは，自分が生きてきたのと同じだけの時間，この景色が繰り返されてきたことを知り愕然とする。そして，環境問題に取り組むとはどういうことか，その解決とはどのような状態をさすのか，ボランティアとは何かなど，

40

知っているつもりになっていた事柄について，改めて深く問いはじめた。

　生徒たちが改めての膨大な調査や議論の末にたどりついた結論は，人間がいなくなれば，少なくとも旺盛な経済活動を行わなければ，自然環境は保全されるというショッキングなものであった。しかし，自分たちがいなくなるわけにはいかないし，経済活動を止めるわけにもいかない。そこに，「環境負荷」や「持続可能な開発」といった概念的知識が，切実さを伴って立ち上がってくる。

　現実の社会問題を取り扱う学習では，生徒は課題の「解決」をめざして活動することが多い。しかし，実社会・実生活の問題をめぐっては，すべての困難や矛盾が消えてなくなることはまれであり，とりあえず不都合のない程度に収めること，今より悪くはならない状態を維持すること，あるいは影響の及び方に明らかな不平等・不公正のないことなどが当面の目標となる。

　また，人々の意識や社会の変革は一朝一夕には成し遂げられない。しかし，誰かがはじめ，また続けていかなければ何も起こらないのも事実である。そして，見ている人は必ずいるものであり，真摯な営みは徐々にではあるが，着実にその波紋を広げていく。この学習活動を通して生徒たちが気づいたのは，じつにそのようなことであった。

　これらはいずれも知識である。しかし，このような質の知識こそが，子どもたちの生き方を変えていく

(3) 探究を通しての自己更新

「地域の自然環境とそこに起きている環境問題」「自分たちの消費生活と資源やエネルギーの問題」など，総合的な学習の時間のなかで子どもたちが「探究的にかかわりを深めるひと・もの・こと」である探究課題について，子どもたちは何も知らないわけではない。いや，むしろ本質的ではない，ときにはおおいに不適切な予断や先入観を，しかも無自覚，無批判に抱いていることが多い。

　この予断や先入観を，子どもたち自身が探究課題の解決をめざした学習活動を通して，より妥当性の高い本質的な概念的知識へと自己更新していくことが

望まれる。そして，この自己更新が適切に成し遂げられるよう，教師は単元を精緻に組み立て，その時々の子どもの姿に即して学びを支援する必要がある。

そのためには，まずもってその探究課題をめぐって，子どもたちがどのような予断や先入観をもっているのかを知る必要がある。いわば「子どもの研究」であり，日常の丁寧な会話や問いかけを通じて探り出すことができるだろう。

つぎに，探究課題をめぐって，めざすべき本質的で統合的な概念的知識とはどのようなものかを知る必要がある。通常の教科でいう「内容研究」に当たるものであり，教科と同様，仲間とともに文献的な研究やフィールドでの調査を通して深めていきたい。総合的な学習の時間はもとより，現実の社会問題を取り扱う学習では，ここが弱いがゆえに学びに深まりの出ないことが圧倒的に多い。

まずは新書でいいから，しっかりとした本を一冊読むことから始めたい。環境であれ福祉であれ，教師自身がおおいに思い違いをしていたことに気づくだろう。探究課題ごとにこのような作業を丁寧に進めることにより，資質・能力として育成すべき「知識及び技能」の詳細が明らかとなってくる。

こうして，子どもの現状とめざすべき状態が明らかとなってくれば，どのような単元を開発すべきかも，おのずとみえてくる。

まず，どのような体験や事実との出合いが，子どもたちの予断や先入観を揺さぶり，探究への意欲をかきたてる切実な問いを生み出すかを考えたい。そして次に，めざすべき概念的知識に向けた修正・洗練・統合は，どのような探究過程をたどることによって効果的に実現できそうかを構想する。最後に，単元の各段階，探究の各場面において，子どもたちだけでは超えられないハードルがどこにあり，どのような教師の支援が必要かを予測していくのである。

幅広く深みのある資質・能力の育成をめざすからこそ，概念的で統合的な理解という意味での知識が重要となってくる。そして多くの場合，子どもたちは関連する断片的な知識や経験を膨大に所有しており，すでに何らかの概念を予断や先入観として形成している。知識を教えるとは，それをより妥当性の高い

本質的なものへと自力で修正・洗練・統合していけるよう，教師が導き，支えることにほかならないのである。

［奈須 正裕］

注
1) 中央教育審議会「幼稚園，小学校，中学校，高等学校及び特別支援学校の学習指導要領等の改善及び必要な方策等について（答申）（中教審第197号）」(2016年12月21日第109会総会において取りまとめ) http://www.mext.go.jp/b_menu/shingi/chukyo/chukyo0/toushin/1380731.htm （2019年10月5日最終閲覧）。
2) 幼稚園教育要領，小学校学習指導要領，中学校学習指導要領は2017年3月31日，特別支援学校幼稚部教育要領，特別支援学校小学部・中学部学習指導要領は2017年4月28日，高等学校学習指導要領は2018年3月30日，特別支援学校高等部学習指導要領は2019年2月4日にそれぞれ告示された。なお，幼稚園と特別支援学校幼稚部については教育要領という名称であることから，すべての学校種を総括してさす場合には学習指導要領等と記すのが正しいが，本章では学習指導要領と略記することとした。学習指導要領の全文ならびに解説は，以下で入手できる。http://www.mext.go.jp/a_menu/shotou/new-cs/1384661.htm （2019年10月5日最終閲覧）。
3) OECD（経済協力開発機構）のDeSeCoプロジェクトとは，コンピテンシーの選択と定義 (Definition and Selection of Competencies) を課題とした国際的，学際的，政策施行的な研究プロジェクトである。1997年12月から活動を開始し，2003年の最終報告をもって終了となった。
4) PISAとは，Programme for International Student Assessmentの略称で，OECD加盟国の多くで義務教育の終了段階にあたる15歳の子どもを対象に，3年ごとに実施される学習到達度調査。読解力，数学的リテラシー，科学的リテラシーを中心に，問題解決能力，デジタル読解力などを測定する。
5) http://www.oecd.org/education/2030-project/contact/ から英語版，日本語版，フランス語版，中国語版が入手できる。日本語版は以下の場所にある http://www.oecd.org/education/2030-project/about/documents/OECD-Education-2030-Position-Paper_Japanese.pdf （2019年10月5日最終閲覧）。
6) 第4次産業革命とは，18世紀末に始まる水力や蒸気機関による工場の機械化としての第1次産業革命，20世紀初頭からの電力を用いた大量生産としての第2次産業革命，1970年代以降の電子工学や情報技術を用いたさらなるオートメーション化の進展としての第3次産業革命に続く，新たな技術革新をさす。第4次産業革命という表現は，スイスのダボスで開かれた2016年の世界経済フォーラムの年次会議で初めて使われた。

第 2 章　新しい学力観と SDGs カリキュラム

参考文献

C. ファデル，M. ビアリック，B. トリリング／岸学監訳，関口貴裕・細川太輔編訳，東京
　学芸大学次世代教育推進機構訳（2016）『21 世紀の学習と教育の 4 つの次元―知識，ス
　キル，人間性そしてメタ学習』北大路書房

松尾知明（2015）『21 世紀型スキルとは何か―コンピテンシーに基づく教育改革の国際比
　較』明石書店

奈須正裕（2017）『「資質・能力」と学びのメカニズム』東洋館出版社

奈須正裕編著（2017）『平成 29 年版小学校学習指導要領ポイント総整理　総則』東洋館出
　版社

第3章
SDGs時代のカリキュラムづくり

　持続可能な開発のための教育 (ESD) と持続可能な開発目標 (SDGs) は，
ほぼ同じ用語が使われているがその系譜は少し異なっている。

　ESD の概念は，1987 年のブルントラント委員会の報告書『我々の共
通の未来』で登場し，1992 年国連環境開発会議 (リオデジャネイロ) を経
て，環境と開発に関する概念として意味づけがなされてきた[1]。しかし，
2002 年持続可能な開発に関する世界首脳会議 (ヨハネスブルグ) 以後には，
環境だけではなく社会や経済にも関わる開発概念となった。2005 年以降
の「国連 ESD の 10 年」や 2012 年の国連持続可能な開発会議 (リオ＋
20) でも，社会・経済・環境の 3 つの領域での取り組みが確認された。

　いっぽう，SDGs は，2000 年に国連で採択されたミレニアム開発目
標 (Millennium Development Goals：MDGs) が 2015 年で終了し，新
たに 2030 年までの目標として 2015 年に国連で採択されたものである。
MDGs の目標が 8 であるのに対し，SDGs は 17 とほぼ倍増している。
その理由は，MDGs が貧困撲滅といった貧困と開発の概念に偏っている
のに対し，ESD で指摘されてきた環境や社会，経済に関わる包括的で具
体的な目標を設定し，その正式名称「私たちの未来を変革する：持続可能
な開発のための 2030 アジェンダ」にあるように，私たちの社会の変革
をめざすものとしたからである。

45

第3章　SDGs時代のカリキュラムづくり

　2015年以後のESDは，2014年までの抽象的な概念のみのESDとはちがい，SDGsという具体的な17目標と社会変革の志向性をもった，持続可能な開発目標のための教育なのである。以下，本章では，現在に至るまでの開発教育や文部科学省，ユネスコの系譜を述べたあと，SDGsのための学習デザインとその枠組みについて考察し，最後にSDGs学習の留意点を取り上げる。

---

① SDGs学習に至るまでの開発教育や文部科学省，ユネスコの動き

(1) 1970 ～ 80年代

　ESDは，21世紀になってから登場してきた教育である。他方，開発教育は，ESDよりもかなり早く，1970年代（日本では1980年代）に登場してきた（表3-1）。

　「開発」が，国際社会の課題となったのは，第二次世界大戦後に独立したアジア・アフリカなど多くの国々が経済成長・発展の課題に直面したからである。新興独立国の加盟をふまえて国連では，1960年代に「国連開発の10年」計画（第1次）が実行に移された。それは，先進国の近代化モデルによる経済成長，開発援助であったために，多くの国で貧困問題を解決できないことが次第に明らかになってきた。

　そのため，1970 ～ 80年代には，「南」の発展途上国と「北」の先進工業国との格差，すなわち南北問題とその解決に関することが開発教育の主要テーマとなった。第二次世界大戦後，国際理解や人権尊重による平和を提唱してきたユネスコも，1974年には新たな「国際教育」勧告[2]（以下，「74年勧告」）を出し，他国・他文化理解，人権や国連研究に加えて，平和，環境，人口，食料，貧困，開発など人類の主要問題や文化的な多様性への理解の重要性を強調し，世界市民性やグローバルな視野，世界連帯意識の育成を掲げた。

　ユネスコの「74年勧告」と相前後して，欧米では，開発教育やグローバル教育といった「新しい教育」（New education）への関心が高まり，1980年代には，

[1] SDGs 学習に至るまでの開発教育や文部科学省，ユネスコの動き

表 3-1　ESD と SDGs にいたる開発教育やユネスコの動き

	欧米や世界の動き	日本の動き
1960年代	・国連開発の 10 年（第一次）	1960 年 日本ユネスコ国内委員会『学校における国際理解教育の手引き』（前年には『社会教育の手引き』）
1970年代	・国連開発の 10 年（第二次） 1974 年 ユネスコ「国際教育」勧告 ・米英でグローバル教育，開発教育などの新教育登場	
1980年代	・欧米で開発教育，ワールドスタディーズ，グローバル教育のためのカリキュラム開発や教材研究が深まる。 1987 年　国連環境と開発に関する世界委員会（ブルントラント委員会）報告書「我々の共通の未来」	1982 年 日本ユネスコ国内委員会『学校における国際理解教育の手引き』（74 年勧告への対応） 1983 年 国立教育研究所開発教育カリキュラム研究会『開発問題学習カリキュラムの構造』
1990年代	1992 年　国連環境開発会議（リオデジャネイロ） 1994 年　ユネスコ「平和，人権，民主主義のための教育」（74 年勧告の改訂版）	・イギリスのワールドスタディーズや開発教育，グローバル教育の成果の翻訳 1998 年 文部科学省「総合的な学習の時間」創設（学習指導要領告示，2002 年実施）
2000年代	2000 年　国連ミレニアム開発目標（MDGs）採択（～ 2015 年） 2002 年　持続可能な開発に関する世界首脳会議（ヨハネスブルグ） 2005 年　国連持続可能な開発のための教育の 10 年（～ 2014 年）	2000 年　開発教育協議会『いきいき開発教育』 2008 年 学習指導要領告示（中学校理科・社会科に「持続可能な社会」の文言がはいる）
2010年代	2012 年　国連持続可能な開発会議（リオ＋ 20） 2014 年　持続可能な開発のための教育（ESD）に関するユネスコ世界会議（名古屋，岡山） 2015 年　グローバルアクションプログラム（GAP）に基づいた ESD の推進（～ 2019 年） 2015 年　国連持続可能な開発目標（SDGs）採択（～ 2030 年） ・SDGs4.7（質の高い教育の推進），ユネスコで，グローバルシティズンシップの提唱（GCED）	2010 年　開発教育協会『開発教育で実践する ESD カリキュラム』 2012 年　国立教育政策研究所教育課程研究センター『学校における持続可能な発展のための教育（ESD）に関する研究（最終報告書）』 2018 年 日本ユネスコ国内委員会「ユネスコスクールで目指す SDGs 持続可能な開発のための教育」（改訂版） 2018 年 学習指導要領告示（前文に「持続可能な社会の創り手」の育成）

出典：筆者作成 [13]

第3章　SDGs時代のカリキュラムづくり

学校教育のなかでの開発教育も模索され，「例えばイギリスでは，各地に設置された開発教育センターを拠点に，教員やNGO関係者らが，教材開発や授業研究会など」の成果が生まれた[3]。

日本においても「74年勧告」に対応して，1982年に日本ユネスコ国内委員会が『学校における国際理解教育の手引き』を出版し[4]，1983年には，国立教育研究所開発教育カリキュラム研究会が『開発問題学習カリキュラムの構造』を発表した[5]。前年の1982年には日本の開発教育実践者の集まりである開発教育協議会（現在の認定NPO法人開発教育協会＝以下，DEAR）が設立されている。

ただし，1980年代は，日本では国際理解教育も開発教育も大きな広がりはみせなかった。当時の国際理解教育が帰国子女教育など異文化理解に，開発教育は発展途上国や低開発の課題など個別の課題に注目し，内容も知識理解が中心であったからである。開発教育はスキルや態度面も強調してはいたが，それを表現できるような教材や手法が当時は未熟であった。

(2) 1990 ～ 2000 年代

開発教育が，大きな広がりをみせるのは，1980年代に成果をみたイギリスの開発教育（ワールドスタディーズ）やグローバル教育の理念や目標，学び方・教え方が紹介された1990年代である。参加型学習や新しいカリキュラム観，教材開発のあり方など，「新しい教育」の思想が日本に入ってきたのである

さらに，1998年に当時の学習指導要領において「総合的な学習の時間」（以下，「総合学習」）の創設が告示され，国際理解や環境，地域の学習が例示としてあげられたことも開発教育や国際理解教育の広がりの理由である。「総合学習」の2002年の実施に向けて，児童・生徒の興味関心をどう取り上げ，学習内容にしていけばよいのか，「教科書」のない時間を教師はどうつくっていけばよいのか，カリキュラムづくりの課題に直面したのである。

開発教育協議会は，「総合学習」に向けて，2000年を挟んで，開発教育Q&A，

カリキュラムの考え方，参加型学習，教材開発などに関する 4 つの冊子を刊行し，「総合学習」を前にした教師たちの不安に応えた[6]。

「総合学習」は，教科横断的でかつ教科書のない時間であったから，当時，理科・社会を統合した生活科があった小学校の教員にとってはまだしも，中学校や高等学校の教科を専門にする教員にとってはきわめてなじみにくいものであった。当時の学習指導要領の解説にしても，現在（2018 年版）とちがって例示内容と「時間」としての位置づけしか書かれておらず，カリキュラムの考え方，つくり方，評価のあり方など模索的であった。例示内容における国際理解においても，参加型学習を形だけ取り入れたり，いわゆる 3F（食べ物 food，民族衣装 fashion，民族行事 festival）や環境学習にとどまる学習が多かった。

必修としての時間数も減り，ともすれば形式的で活動中心に流れつつあった「総合学習」が，開発教育や国際理解教育，環境教育の実践の場として再度注目されるのは，2005 年から始まる国連 ESD の 10 年からである。日本が国連 ESD の 10 年の提案国であったこともあって，2008 年告示の学習指導要領では，「持続可能な社会」の文言が，社会科や理科に登場し，また，ユネスコスクールが飛躍的に増加し（2018 年 10 月現在 1116 校[7]），学校や教科，総合での持続可能な開発のための教育への期待が高まった[8]。これに応じて，名称からして個別の教育課題を扱っていた開発教育，国際理解教育，環境教育などの諸教育は，ESD へとその概念の拡大を迫られたのである。

(3) 2010 年代～

DEAR では ESD にどう対処するかについて議論を重ね，それまでの南北問題や発展途上国の現状とその解決から入るアプローチを一歩深めて，グローバリゼーションによって変容しつつある地域に目を向け，深めることで，持続可能で公正な地球社会づくりをめざすカリキュラムを提案した（『開発教育で実践する ESD カリキュラム』2010 年）[9]。

2018 年告示の学習指導要領では，初めて前文が設けられ，日本の学校教育

第3章　SDGs時代のカリキュラムづくり

は「持続可能な社会の創り手」を育てるためにあることが明記された。ESD
の目標は持続可能な社会の創り手を育てることであり，文部科学省日本ユネス
コ国内委員会は ESD について，次のように定義している[10]。

　人類が将来の世代にわたり恵み豊かな生活を確保できるよう，気候変動，生物多様性
の喪失，資源の枯渇，貧困の拡大等，人類の開発活動に起因する現代社会における様々な
問題を，各人が自らの問題として主体的に捉え，身近なところから取り組むことで，そ
れらの問題の解決につながる新たな価値観や行動等の変容をもたらし，もって持続可能
な社会を実現していくことを目指して行う学習・教育活動です。

　ESD は，3つの要素を含んでいる。1つ目は，現役世代のための世代内の教
育と将来世代のための世代間教育という2つ同時の教育である。2つ目は，上
の定義にもあるように，経済，社会，環境の3つの課題が相互に連関している
こと，3つ目は，世界のこと，社会のことを自分事にできるような教育，未来
のための現在の社会を変えていくような教育である。「持続可能な社会の創り
手」とは，世界や未来のことを自分事として，価値観や行動を学びなおし，社
会に参加し，変えていくグローバルな市民のことである。

　国連 ESD の 10 年は 2014 年で終了し，現在，MDGs と ESD の両方の課題を
継承した SDGs の時代となっている。ユネスコでは，SDG4.7 をもとに，SDGs
時代の ESD をグローバルシティズンシップ教育（Global Citizenship Education：
GCED）としている[11]。

SDG4「質の高い教育」ターゲット 4.7
　2030 年までに，持続可能な開発のための教育及び持続可能なライフスタイル，人権，男
女の平等，平和及び非暴力的文化の推進，グローバル・シティズンシップのための教育，
および，文化多様性と文化の持続可能な開発への貢献の理解への教育を通して，全ての学
習者が，持続可能な開発を促進するために必要な知識及び技能を習得できるようにする。

（下線は筆者[12]）

　文部科学省も，義務教育の公立中学校において「グローバルシティズンシッ
プ科」の研究開発の指定を行い，SDGs を通したグローバルシティズンシップ
育成の可能性を探らせている（埼玉県上尾市立東中学校，第6・7章参照）。

2019 年 3 月の時点では，日本における SDGs 認知度は 20% に届いていない[13]。しかし，日本では昔から「もったいない」とか「情けは人の為ならず」とか「三方よし（売り手よし，買い手よし，世間よし）」の生活倫理が根付いている。これらは，自分事が他人事であることを意識し，環境や資源に配慮し，人と人との関係性（公正さ，多様性）を大切にしてきたことを示すもので，SDGs の 17 目標と矛盾するものではない。私たちが培ってきた身近な取り組みや課題解決について探究する学習のプロセスやデザインが示せれば SDGs の認知度が日本でも高まることが期待できる。

2 SDGs のための学習デザイン

(1) 開発教育の学習デザイン

　前節でも述べたように，DEAR は，日本の開発教育を常に先導してきたが，その歴史は，「開発」概念の拡大と「教育」や「学習」概念の深化であった。表 3-2 はこのような変化を画する開発教育のカリキュラムづくりの概要を示すものである。それは，1983 年版の発展途上国の低開発の知識理解から 2000 年

表 3-2　開発教育のカリキュラムづくり

『開発問題学習カリキュラムの構造』国立教育研究所，1983 年（1983 年版）	地球的諸課題にそった学習領域・内容を提案したが，発展途上国理解，知識理解中心であった。内容例：地球，人口・国土，食料，資源・エネルギー，生活・社会／生活問題，南北問題，開発問題，国際協力，人間の生き方
『いきいき開発教育』開発教育協議会，2000 年（2000 年版）	総合学習に応答すべく，開発教育のカリキュラムづくりの方略を計画型から生成型に転換させた。問題解決学習やプロジェクト学習など多くの課題設定のアプローチ，多くの教材と参加型学習，トピック学習の事例を示した。
『開発教育で実践する ESD カリキュラム』開発教育協会，2010 年（2010 年版）	地域を掘り下げ，世界とつながる学びのデザイン，すなわち，①地域を読み解き，課題を明らかにし（地域を深め），②人とつながり，③先人たちの知恵に学び，未来を描く（歴史とつながる），グローバル化に対抗し，他の地域と連携し，④世界とつながる，⑤多面的，重層的に参加する，という 5 つの要素と連関を示した（図 3-1）。

出典：筆者作成

第3章　SDGs時代のカリキュラムづくり

版の公正な地球社会づくりへと開発概念の拡大，教師中心のカリキュラムから参加型学習を伴った学習者中心のカリキュラムへの学習観の転換である。そして，グローバリゼーションが進行し，世界と地域の一体化，相互接続の状況から，アクション・リサーチを伴った地域概念の深化とつながりのカリキュラム観の確立へと推移してきた（2010年版）。

では，SDGs時代の開発教育はどのようなカリキュラムの視点をつくっていけばよいのだろうか。それは，SDGsの17目標の具体性を生かした視点である。

SDGsの17目標は，上段のSDG1～6，中段のSDG7～12，下段のSDG13～17に分けることができる（カバー参照）。上段の6つは，MDGsの8つの目標の後継といってよく，貧困や飢餓，教育，健康や安全な飲み水など社会開発に関わる目標群で，国際協力NGOや従来の開発教育が得意としてきた開発途上国から世界とつながる視点である（開発・社会系の目標群）。中段の6つは，エネルギー，働きがいや経済成長，まちづくりなど私たちの暮らしや足元の課題，経済開発に関わる目標群で，企業や行政自治体も関心を示している。2010年版で示された開発教育の地域を深め，世界とつながる視点でもある（経済・社会系の目標群）。下段の5つは，気候変動や生物多様性，平和など，地球環境や地球全体，パートナシップに関わるもので，政府も国際機関も地球上のすべての人が当事者になりうる目標群である。グローバルな

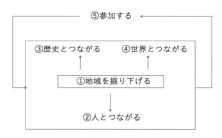

図3-1　地域を掘り下げ，世界とつながるカリキュラム作成の視点
出典：『開発教育で実践するESDカリキュラム』開発教育協会，2010年

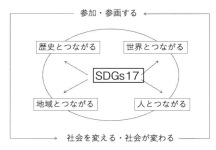

図3-2　SDGs17をとりいれたESDカリキュラムづくりの視点
出典：筆者作成

視野をもった国際理解教育や環境教育も含めて，自分と世界が相互に連関するホリスティックなつながりが生かせる視点である（環境・平和系の目標群）。

こうしてみると，SDGs の各目標をトピックにしたり，途上国・先進国・地球全体といった領域的なテーマ群を設けることで，〈地域，人，歴史，世界〉のつながりを探究し，問題解決型の学習をデザインすることが可能である。2010 年版で示された地域概念は地理的な空間にとどまらず伸縮自在であった。SDGs 時代の開発教育のカリキュラムづくりは，地域の概念を「SDGs の課題を共有するコミュニティの空間」として重層化することで，社会に参加・参画し，共に生きることのできる公正な地球社会の担い手を育てる教育とすることができる（図 3-2）。

(2) ユネスコ ESD の系譜

文部科学省では，国連 ESD の 10 年（2005-2014 年）に対応して学習指導要領での言及（2008 年告示）やユネスコスクールなどで実践可能なカリキュラムづくりの指針を出してきた。すなわち，ESD を環境，経済，社会の統合的な発展をめざす教育とし，カリキュラムの構成概念として，「多様性・相互性・有限性・公平性・連携性・責任性」の 6 つの視点と，「批判的に考える力，未来像を予測して計画を立てる力，多面的・総合的に考える力，コミュニケーションを行う力，他者と協力する力，つながりを尊重する力，進んで参加する態度」という 7 つの能力・態度，そして「教材，人材・施設，態度と行動」という 3 つのつながりによるカリキュラムづくりを提案した[14]。

そして SDGs 以後は，ESD が，持続可能な社会の担い手づくりを通じて 17 すべての目標の達成に貢献するものと

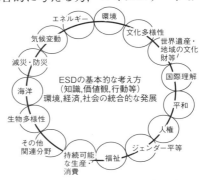

図 3-3　ESD の基本的な考え方
出典：文部科学省，2018 年

第 3 章　SDGs 時代のカリキュラムづくり

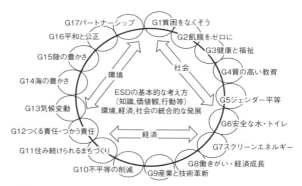

図 3-4　SDGs を取り入れた ESD の基本的な考え方
出典：筆者作成

いう基本的考え方と，SDGs の 17 目標（課題）を ESD に取り入れ，学校や地域で足元の課題解決に取り組むことを薦めている（図 3-3）[15]。

ただし，図 3-3 における ESD の基本的な考え方は，国連 ESD の 10 年当時の考え方であり，図 3-4 と比べると明らかにテーマやトピックにちがいがあることがわかる。とくに，SDG1 ～ 6 の MDGs 系（開発・社会系）の目標がほぼ欠落している。国連 ESD の 10 年時代には，MDGs も併存していたはずなのに，当時の日本の ESD カリキュラムにはそれらが過少に扱われ，ユネスコスクールの実践が，日本国内での環境，国際理解，人権・平和，防災などが重視されていることと無関係ではない。

今後は，図 3-4 に示したように，特定の SDGs や社会・経済・環境の目標群とそれらへの貢献，SDGs 全体との連関などの取り組みを意識的に増やしていくべきである。ESD の 6 つの構成概念を生かしつつ，2018 年告示の学習指導要領に示された資質・能力の獲得をめざしていくならば，ユネスコのいうグローバルシティズンシップ（持続可能な社会の創り手）の育成も具体的になってくる。

（3）SDGs 学習のフレームワーク

以上をふまえて SDGs の学習デザインのためのフレームワークを作成してみ

た（表3-3）。

　まず，学習には目標が必要である。学習指導要領前文にある「持続可能な社会の創り手」を育てるのがSDGs学習の目標である。では，その「創り手・担い手」とはどのような学習者か，つぎに，学習者像を示した。3点ほどあげているが，端的にいえば地球市民（グローバルシティズン）である。そして，その地球市民の資質・能力をSDGs学習に関わる知識・技能，思考・判断力・表現力，学びに向かう意欲の3つに分けて記述してみた。学習領域は，開発教育や国際理解教育の提案する4つの領域のうち，地球的諸課題に相当する。なかでも，SDGsが未来を変える目標であることを重視し，「歴史・未来への関与と責任」が3つの領域とクロス（横断）するものとした。

　表中5の学習デザインは，事例でしかないが，開発教育2010年版を引き継ぎ，地域，歴史・未来，世界，人とSDGsの各目標と「つながる，つなげる」視点を重視した。学習フレームで注意したいことは，国連広報センターのメッセージにもあるように，SDGsの目標群の上，中，下段の目標群がカテゴリーを示すものではなく，17の目標が文字どおり全体的な相互に関連していること，クロスしていることである[16]。

④ SDGs学習の留意点

（1）カリキュラムの考え方

　SDGs学習をデザインするとき，問題となるのは，学校において，教科で取り組むのか，総合的な学習の時間で行うのか，それとも学校全体で行うのか，それらとどう関係づけるのか，年間計画はどうするのか，誰が担当するのかという，カリキュラム・マネジメントの課題が生じることである。

　SDGsの各目標は教科の内容とクロスしていることが多いので各教科のなかで学ぶことができる（教科融合型）。たとえば，SDG12「つくる責任，つかう責任」では，ガーナの学習（地理），チョコレートの原料であるカカオの生産と消費（社会科，家庭科），フェアトレード（英語科）などで扱える。また，総合学習

第3章　SDGs 時代のカリキュラムづくり

表3-3　SDGs 学習フレームワーク

1　目標　持続可能な社会の創り手・担い手を育てる

2　学習者像（地球市民）
・人権，平和・非暴力，男女の平等，文化的多様性を尊重することができる人
・身近なことも遠い世界のことも，持続可能な暮らしの観点から課題とそのつながりを探究できる人
・共に生きる公正な地球社会づくりのために，地域・国家・地球社会の一人として，責任をもって地球的課題の解決に向けて参加・参画できる人

3　資質・能力
　1）知識・技能
・SDGs に関わる諸課題が個別かつ全体として，相互に関連していることが理解できる。
・SDGs に関わる諸課題が現在および未来の私たちの持続可能な社会に関わっていることを理解し，活用することができる。
　2）思考力，判断力，表現力
・自分への気づきとふりかえり，他者とのコミュニケーションができる
・意思決定，問題解決の過程で批判的で創造的な思考ができる
・メディアや情報について吟味し，自ら活用でき，表現できる。
・現実を問い返し，社会変革のために何ができるかを考え，判断し，個人的・社会的責任を持つことができる。
　3）学びに向かう意欲
・自己肯定感やアイデンティティを持つことができる
・人権や多様性を大切にすることができる
・公正や平等，参加と共生の観点から社会に関わろうとすることができる
・人や社会は変わることができるという信念を持つことができる

4　学習領域

Ⅰ 多文化社会 　（文化理解，文化交流，多文化共生） Ⅱ グローバル社会（世界と私たちの暮らし） 　（相互依存，情報化） Ⅲ 地球的諸課題 　（持続可能な開発と社会・経済・環境）	×	Ⅳ 歴史と未来 　（関与と責任）

5　学習デザイン（例）

つながる つなげる	開発・社会系 SDG1～6	経済・社会系 SDG7～12	環境・平和系 SDG13～17	
地域（市町村，流通地域）	日本の子どもの貧困，世界の子どもの貧困 食品ロス	エシカル消費 フェアトレード	集中豪雨と災害	地域に住む難民の人たち
歴史／未来	備蓄米 百姓一揆	循環型農業 三角貿易	海や陸の資源の管理	戦争・紛争と難民
世界	世界の1％の人が世界の50％の富を独占している	児童労働 有機農業	熱帯林伐採と商業的プランテーション	ノーベル平和賞
人	NPO，行政，子ども食堂，コンビニ	顔の見える食品づくり フェアトレードNPO	旭山動物園 環境NPO（植林など）	杉原千畝 ノーベル平和賞受賞者

出典：筆者作成 [17]

4 SDGs学習の留意点

や学校の特設科目では,「国際理解」「SDGs」などの大単元や科目をつくって,SDGsを総合的に学ぶこともできる（教科統合型）。さらには,ホームルームの時間や修学旅行,文化祭など学校行事においてもSDGsの学習が可能である（教

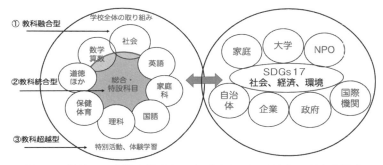

図3-5　学校での実践と社会とつながるSDGsカリキュラムの視点
出典：筆者作成

表3-4　ESDカレンダーの実際（東京都江東区立八名川小学校）

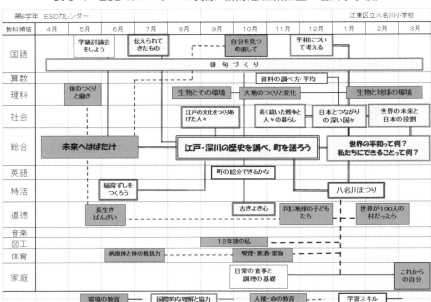

出典：日本ユネスコ国内委員会編（2018）『ESD（持続可能な開発のための教育）推進の手引』p.19

第 3 章　SDGs 時代のカリキュラムづくり

科超越型）（図 3-5）。

　これらを，4 月から 3 月までの流れと各教科や総合，行事を縦横の表にすれ
ば，いわゆる ESD カレンダーという年間計画ができ，各学校で特色あるカリ
キュラムが可視化される（表 3-4）[18]。

（2）社会とつながる，つなげる

　SDGs の主役・当事者は誰か。開発途上国，先進国だけではないし，地球全
体でもある。現代では他人や自らの行為が，ブーメランのように跳ね返ってく
ることを考慮すれば，未来を変える目標の達成のためには，国際機関，各国政
府，自治体，企業，NPO，大学，学校，家庭，そして，私たち一人ひとりす
べてがアクターといえる。すでに，企業や NPO（市民社会）の取り組みなど多
くの SDGs のアイデアが提案されている[19]。「誰一人取り残さない」とは，学
びのあり方としては，どこか遠い世界の人のことではなく，まさに当事者とし
ての自分であり，自分事としての SDGs なのである。

　したがって，図 3-5 に示したように「開かれた教育課程」としての企業や自
治体，大学などと学校との連携が不可欠である。社会の側からも学校への働き
かけが重要である。

（3）SDGs のロゴマークとその学び方

　日本での SDGs の認知度は 20％に届いていない。そこで，国連が用意した
たいへん親しみやすい 17 のロゴマークをダウンロードしてカードにすると，
SDGs の 17 の目標について知識と理解が深まるのはまちがいがない（SDGs に
ついて学ぶ）。しかし，それはあくまでも入り口である。ロゴマークは，チェッ
クカードであってよいが，カルタのようなカード合わせにならないようにした
い。知っていることだけが重要ではない。

　何のために SDGs を学ぶのか，17 の目標が私たちの社会，経済，環境のす
べての持続可能な開発に関連し，広範で包括的な課題であり，解決を迫られて

いるのだという学びが必要である（SDGs のための学び）。

　そして最後に，そのような課題解決のためには，問題解決学習やプロジェクト学習を採用して，社会に参加・参画し，社会を変え，未来を変える市民的資質（グローバルシティズンシップ）を獲得していくこと（SDGs を通じての学習）が求められる。

[藤原　孝章]

注
1）環境と開発に関する世界委員会（1987）『地球の未来を守るために』福武書店。World Commission on Environment and Development（1987），*Our Common Future*，Oxford University Press.
2）正式名称は「国際理解，国際協力及び国際平和のための教育並びに人権及び基本的自由についての教育」。
3）（特活）開発教育協会内 ESD 開発教育カリキュラム研究会編（2010）『開発教育で実践する ESD カリキュラム―地域を掘り下げ，世界とつながる学びのデザイン』学文社，p.2-19。
4）日本ユネスコ国内委員会編（1982）『国際理解教育の手引き』東京法令出版。
5）国立教育研究所内開発教育カリキュラム研究会編（1985）「開発問題学習カリキュラムの構造」開発教育実践研究会編『第三世界と日本の教育 開発教育基本文献集Ⅰ』p.25-52.
6）『「開発教育」ってなあに―開発教育 Q&A 集』（1998），『わくわく開発教育―参加型学習へのヒント』（1999），『いきいき開発教育―総合学習に向けたカリキュラムと教材』（2000），『つながれ開発教育―学校と地域のパートナーシップ事例集』（2001），いずれも開発教育協会による編集・発行。
7）ユネスコスクール公式ウェブサイト http://www.unesco-school.mext.go.jp/（2019 年 7 月 10 日最終閲覧）。
8）ユネスコスクールは，ユネスコの平和や人権の理念に基づいた国際教育をすすめるための学校として，1946 年のユネスコ総会を経て活動を開始した。ユネスコ協同学校として出発したが，現在はユネスコスクール（ASPnet School）と呼ばれている（日本国際理解教育学会編（2012）『現代国際理解教育事典』明石書店，p.229）。
9）国際理解教育においても，『グローバル時代の国際理解教育―実践と理論をつなぐ』（2010），『国際理解教育ハンドブック―グローバル・シティズンシップを育む』（2015）などが刊行されている。いずれも日本国際理解教育学会編，明石書店。
10）文部科学省日本ユネスコ国内委員会作成パンフレット（2018）『ユネスコスクールで目指す SDGs 持続可能な開発のための教育』p.5. データ「ユネスコスクールが今後の学校

第 3 章　SDGs 時代のカリキュラムづくり

　　の取組として重視するべきと考える分野」。

11）UNESCO（2015），*Global Citizenship Education: Topic and Objectives.*

12）外務省仮訳参照（一部筆者による変更）。

13）朝日新聞「SDGs 認知度調査 第 4 回報告」2019 年 3 月 13 日，https://miraimedia.asa-hi.com/sdgs_survey04/（2019 年 7 月 10 日最終閲覧）。

14）国立教育政策研究所教育課程研究センター（2012）「持続可能な発展のための教育（ESD）を学校教育でどう進めるか？　ESD の学習指導過程を構想し，展開するために必要な枠組み」。

15）注 10 同書，p.15。

16）国連広報センター「持続可能な開発目標とは何か」（動画）2017 年 10 月 16 日公開。

17）注 3，注 9，注 10 の掲載書などを参考にした。

18）日本ユネスコ国内委員会編（2018），19p。

19）（社）Think the Earth 編／蟹江憲史監修（2018）『未来を変える目標 SDGs アイデアブック』紀伊国屋書店。そのほか朝日新聞の特集記事など参照。

参考文献

藤原孝章（2008）『ひょうたん島問題―多文化共生社会日本の学習課題』明石書店

――（2016）『グローバル教育の内容編成に関する研究―グローバルシティズンシップの育成をめざして』風間書房

A. オスラー・H. スターキー／藤原孝章・北山夕華監訳（2018）『教師と人権教育』明石書店

第4章
ファシリテーターとしての教師・指導者

　2020年度より順次実施される学習指導要領[1]では，「主体的・対話的で深い学び」の視点に立った授業を通して，資質・能力を身につけ，生涯にわたって積極的に学び続けるようにすることを目標としている。また，その前文では「一人一人が持続可能な社会の創り手」となることが明示されており，環境や人権，開発などの課題を主体的に考え，公正で持続可能な社会をつくるために行動する人を育成する持続可能な開発のための教育（ESD）が重視されている。そのような教育は，教室で教師が教科書などを使って一斉に，一方的に知識を伝える従来型のスタイルではむずかしく，生徒が主体的に学んだり，行動したりすることを教師は支援するという，学習観の転換が必要になっている。そしてそのような学習における教師の役割として「ファシリテーター」が求められている。

　本章では，第1節で，ファシリテーターが重視されるようになった背景を述べてから，第2節で，具体的な事例とともに，ファシリテーターの役割を考える。さらに，第3節で，自己変容，社会変容につながるファシリテーションについて考えたい。

第 4 章　ファシリテーターとしての教師・指導者

① ファシリテーターとは

(1) 開発教育におけるファシリテーター

　ファシリテーターの語源は，英語の動詞 facilitate（ファシリテート）で，「容易にする，促進する，助ける」などの意味をもつ。妊婦が出産するのを助ける「助産師」，マラソンにおける「伴走者」などにも例えられる。教育の場では，学習者の声を引き出し，学習者同士の学びを促進する役割を担う。つまり，知識を伝達するのではなく，学習者に寄り添い，学習者と一緒に学んでいく姿勢が求められる。

　「ファシリテーター」という言葉は，1980 年代ごろから，社会教育分野で注目されるようになった。環境，貧困，人権，平和など地球規模の課題には，明らかな正解があるわけではない。このようなテーマについて講師から一方的に知識を伝達されても，理解し，解決のための行動に結びつけるのはむずかしかった。講師も学習者も一緒に疑問や意見を出し合いながら，対話型で考え，学ぶ場が求められた（石川・小貫　2015：5）。開発教育協会でも，1984 年の機関誌『開発教育 No.3』において，ファシリテーターという用語が使われている[2]。開発教育では，社会のさまざまな問題を知り，その背景や構造を考え，自分自身の偏見や先入観を見直し，自らが変わり，他者とつながり，多様な人々とともに生きる公正な社会をつくることに参加していくことをめざしている。そのために，学習者同士が主体的に学ぶ参加型の学習形態を用い，その進行役としてファシリテーターの役割が重視されてきた。その後，2002 年に「総合的な学習の時間」が始まるなかで，教師が参加型学習を促進する役割として学校でもファシリテーターが注目されるようになった。

(2) ESD におけるファシリテーター

　国連 ESD の 10 年（2005-2014 年）の後継プログラム「ESD に関するグローバル・アクション・プログラム（GAP）」[3] においては，「教育の再方向付け」と「すべての政策に ESD を反映させていくこと」が目的として提示されている。

ESD は従来の教育に新しく付け加えるものではなく，教育全体を再方向づけるものとして認識されていることは重要である。つまり，現在の教育自体を見直していくことが求められている。

また，ユネスコの『持続可能な未来のための学習』によると，ESD は「持続可能な4つの視点（社会，経済，政治，環境）」をもった教育活動であり，その視点をもって，持続可能な社会づくりを担う人を育成することが求められる。現在の持続不可能な開発の原因は「未来を決定する権限が，世界中あるいは各国内においてさえ，公平に分配されていないこと」であり，「選択，参加，貢献する権限」の重要性を説いている（ユネスコ　2005：58-61）。このように，持続可能な社会をつくるためには，今まである一部の人に独占されてきた政策立案や意思決定へのプロセスをよりオープンにし，一人ひとりが参加できるようにしていくことが重要である。具体的には教育のあり方，方向性，カリキュラムや教材に関しても，トップダウンではなく，市民の参加や意思決定を保障していくことこそ，持続可能な社会の実現につながるのである。

2020年からは GAP の後継プログラムとして「ESD for 2030」が進められる。その文書のなかでは，ESD が SDGs の17の目標を達成するとともに，現在の持続不可能な社会の構造を変えていくことを一層促進するように，自己変容と社会の構造的な変容を促進することが強調されている。そして，教育者は，変革を促す学習のファシリテーターとなることが求められている[4]。つまり ESD は，持続可能な視点をもって社会を変えるための教育であり，教師や指導者は，ファシリテーターとして自己変容と社会の変容の学習を進める役割を担うことが期待されている。このことは，上記で書いたように開発教育のファシリテーター像とも重なっている。

(3) ファシリテーターに求められる「学習観の転換」

「ファシリテーター」重視の背景にある，知識伝達型から課題提起型への学習観の転換には，ブラジルの教育者，哲学者，パウロ・フレイレ（Paulo

Freire）の思想が影響している。フレイレは，教師が，自分のもっている知識を生徒に一方的に伝達し，生徒を受動的に知識を貯める容器にしてしまう教育を「銀行型教育」として否定した。いっぽうで，生徒にもすでに知識や経験があり，教育はそれらをもとに教師と生徒の対話を通じて現実の世界を批判的に読み解いていくことであり，そのような教育を「課題提起型教育」と呼んだ。教育は，自分と世界のつながりを認識し自分の意識を通して世界を構築していくことで，自分を縛っていた差別や抑圧から解放されること，そのことが個々のエンパワーメントにつながり，自分を変え，社会を変えること，につながると考えた（フレイレ　2011）。

　フレイレの思想は，貧しい農民など，社会のなかで抑圧された人々が自分の住む社会の構造を理解するために行った教育実践から生まれている。時代や社会的背景は異なるが，ときに生活上の不安をかかえながらも，よい成績，よい子でいること，集団ルールを守るといった大人社会から一方的に求められる要望に押しつぶされそうな日本の子どもたちの状況も，抑圧され力を奪われているともいえるのではないだろうか。だから教育は，子どもたち自らが気づき，学び，探究していく力を獲得することに注目するべきである。そこから社会を批判的に読み解いたり，自己決定を重ねたりして，自分自身を解放し，社会を変えることにも参加していけるのである。

　上記のような，学習観の転換が必要とされているにもかかわらず，実際には，画一的・管理的な学校制度や学校文化がそれを阻んでいるといえる。日本の学校では，多くの場合，教師は「教師らしく」，生徒は「生徒らしく」ふるまうように意識づけられる。山中は，現在の学校の授業は，教師がどこかの「誰か」によってもたらされた「知識」を教師から生徒へ一方向に伝える一斉画一の情報伝達作業であり，そこには教える側にも教えられる側にも主体的な学びは存在しないと，強く批判している（山中　2009：41）。たしかに現在の学校は，「管理」の視点が強く，個人よりも集団が重視されている。実際には，教科書があり，カリキュラムがあり，評価があり，成績がある。そのなかで，教師がファ

シリテーターの役割を担うのは限界があるともいえる。学習観の転換がなかなか進まず、形式ばかりの参加型学習、ESD、ファシリテーションにとどまっているという批判もある。

そのなかでも、学校の教師や学校外の学習の場の指導者がファシリテーターになり、工夫して授業やプログラムを行い、教師、生徒それぞれの主体的な学びが進んでいる例もある。次節で2つの事例から、教師や指導者がファシリテーターの役割を担うことについて考えたい。

2 ファシリテーターの役割

教師・指導者のファシリテーターとしての役割を事例からみていく。一つ目は、公立中学校で筆者が行ったファシリテーション研修と、教師の変容を紹介する。二つ目は、さまざまな子どもや大人が集うフリースペースでの学習活動において筆者自身がファシリテーターを務めて、気づいたことを紹介する。

(1) 上尾市立東中学校教員ファシリテーション研修

埼玉県上尾市立東中学校では、2015～2018年度の4年間、文部科学省の研究指定校となり「グローバルシティズンシップ科」(以下、GC科) を設定し、すべての教師がファシリテーターとなって、学習を進めた (第6・7章参照)。筆者は、アドバイザーとしてファシリテーション研修を定期的に行った。上尾東中では教師向けの研修をほかにも多数行ったが、そのなかで筆者が担当したファシリテーション研修を一部抜粋した (表4-1)。

初年度最初は、「ファシリテー

写真4-1　ファシリテーション研修の様子
提供：上尾市立東中学校

第4章　ファシリテーターとしての教師・指導者

表4-1　上尾市立東中学校のファシリテーション研修

日　程	テーマ	内　容	参加者の反応
2015.4.17	ファシリテーションの説明・アクティビティの紹介	・ルールの確認 ・部屋の四隅 ・アクティビティ「20年後の自分と社会」 ・ファシリテーションの説明	・ほかの人の意見が面白い ・子どもたちとやるとこんなに意見が出るのか心配 ・ファシリテーター役が務まるか不安
2015.10.2	後半の進め方，生徒の変化	・「残り半年で生徒のどのような変化が見たいか，どのような力をつけてほしいか」を書き出し，共有	・GC科で目指す力を改めて考えられた ・学年ごとの特徴が見えた ・頭の中が整理できた
2016.4.28	GC科の進め方について	・学びの深め方を考えるため，一つのテーマについて，できるだけたくさん質問・疑問を出し，共有	・1つのテーマを多面的に見ることが面白い ・質問をどうまとめるか，が難しい
2017.9.26	課題設定について	・課題の設定をステップを追って考える	・課題だと思っていることが課題ではないこともある ・課題出しまでが難しい ・子どもたちと課題の設定をもう一度やってみる。
2018.2.2	質問づくりのワークショップ	・1つのテーマについて，様々な視点で考え，質問を考える	・視点があると質問が考えやすい ・様々な質問が出て，問題が多角的に見えるようになった ・生徒に考えてもらうヒントになった
2018.6.2	ファシリテーターとして大切なこと	・ファシリテーターとして大切だと思うことを挙げる	・ほかの先生が重視することを知ることができてよかった ・生徒の何を見るのかを意識するようになった ・自分のファシリテーションを見直すきっかけになった

出典：筆者担当分一部抜粋

ション」という用語を聞いたことがない教師が半数以上いた。担当教師と研修の内容について協議し，ファシリテーションについて説明しながら，アクティビティを体験してもらい，教師の不満や不安を共有する機会にもすることにし

た。

　研修は，ワークショップ形式で行い，ファシリテーターとしての姿勢や技能を体現しながら進めた。研修で行ったアクティビティは，実際に授業でも行われた。たとえば，アクティビティ「20年後の自分と社会」[5]は，当初，多くの教師が「子どもたちは意見を出せないのでは」と心配していたが，実際は，質・量ともに予想を上回る意見が出され，驚いた教師が多かった。この実践から，教師には「子どもたちはできる！」という認識をもったようだ[6]。

　教師たちから繰り返し尋ねられた質問は「どのようにまとめるのか」「学びをどのように深めるのか」であった。ファシリテーターの役割としては，すべての質問に答える必要はなく，教師も学んでいるので，一緒に考えようという姿勢をみせること，議論を無理にまとめる必要はなく，論点を整理して次の学習につながるようにすること，徐々に生徒にバトンを渡し，教師は生徒の学びを支援していくことを説明した。

　4年間を通して，教師たちは，徐々にファシリテーターとしての姿勢と技能を身につけ，生徒の意見を引き出し，つないで授業ができるようになっていった。また，教師はGC科だけでなく，自身の教科の授業，行事運営，クラス運営においてもファシリテーションを行うようになった。そうすることで，今までは形式的に進めていた生徒総会において，生徒たちの提案が真剣に議論され，一部採用されるようになり，生徒たちのモチベーションが上がった。また，授業のなかで多少もめごとがあっても，生徒同士が解決できるだろうと，教師は介入せずに待つことで，生徒自身が責任をもって行動できるようになった[7]。このように生徒に権限を委譲した結果，生徒がより意欲をもって授業や生徒会活動などにも取り組むようになっている。今まで，生徒の学びや変容を拒んでいたのは，「生徒にできるわけはない」「生徒がもめているなら早く介入したほうが，効率的である」という教師側の考えや先入観だった部分もあるだろう（第7章，127頁参照）。

　さらにカリキュラムづくりに関する教師の変化は以下であった[8]。

第4章　ファシリテーターとしての教師・指導者

・教材づくりを工夫するようになった

・世界のことに関心をもつようになった

・チームでカリキュラムを考えるようになった

　GC科が始まった当初は教材づくりやカリキュラムも毎回担当教師に相談しにきていた教師たちは，次第に，それぞれの課題を自ら考え，お互いに協力して解決するようになった。職員室のなかで，「この新聞記事，授業に使えそう」などの対話が生まれ，工夫して授業ができるようになった。教師自身が主体的に学ぶことにより，GC科が教師のものになり，そして生徒のものになっている変化が見えてきた。

　もちろん，すべてがうまくいったわけではない。多くの教師にとってグループ学習や課題の設定は今でもむずかしく，進め方もさまざまである。しかし，ファシリテーターとして学習を進めると，生徒が生き生きして活発になり，教師のアイデアを超えて意見が出てくることを実感した教師たちは，生徒に「分からない」「知らない」「教えて」と言えるようになった[9]。このことは，教師が従来の「教師らしく」という意識を離れて，「ファシリテーター」として，生徒の力を信じ，生徒との対話を通して世界を学びあう役割を果たしていることを意味する。まさに，学習観の転換が起きたといえよう。

　今の学校制度，学校文化のなかで，教師の知識伝達の役割は引き続き重要である。しかしその知識が，「誰か」のものではなく，教師自身のそして生徒自身のものになり，それぞれが発展させ，活用させていけるものであることが重要である。ファシリテーションをより広げていくには，上記の例のように，学校全体で，教師自身が生徒の変化や自分の変化を実感し，納得したうえで進めることが重要である。

(2) フリースペースえんにおける学習のファシリテーター

　川崎市にある「フリースペース えん（以下，「えん」)」[10] は，学校に行かない・行けない子どもたちが毎日40人ほど集うスペースである。「川崎市子ども

夢パーク」のなかにあり，広大な広場とさまざまな遊具（多くは子どもたちと一緒に考えつくったもの）などを使って，外で思いっきり「やってみたい」ことに挑戦できる遊びの環境がある。普段は，毎日みんなで昼食メニューを相談し，決めてつくること以外は自由に過ごしてよく，子どもたちは外でサッカーをしたり，泥んこになって遊んだり，部屋で

写真 4-2 「フリースペースえん」ワークショップの様子
提供：開発教育協会

ゲームをしたり漫画を読んだり，手芸をしたりと思い思いの時間を過ごしている。定期的にジャンベ[11]やフォルクローレ[12]の演奏を学ぶ講座や，料理やスウィーツの講座などがあり，興味のあるものに子どもたちは参加する。年間でもさまざまな行事があり，子どもたちが主体的に運営も担う。大人から強制されることはなく，子どもたちの自己選択，自己決定が尊重されている。そこで，2015年度より，年に5〜6回，「世界のことを学ぶ・人権」などをテーマに開発教育・ESDのワークショップを行っている。

　筆者は，初めてワークショップを行ったときはとても緊張した。そもそも，初対面の年齢も関心も異なる子どもたちと何をどのように進めればよいのかわからなかったのだ。徐々にわかったのが，子どもたちは，興味があることには真剣に取り組み，おもしろくないこと，答えがわかるようなことは，すぐに飽きてしまうことだった。最初は，お菓子やゲームで関心をもってもらおうとしたが，次第に，本題だけでも議論が深まるようになった。たとえば，教材『パーム油のはなし』（開発教育協会　2018a，198頁参照）や『スマホから考える世界・わたし・SDGs』（開発教育協会　2018b，199頁参照）を使ったワークショップでは，真剣にその問題を考え，登場する先住民族や生産者の気持ちに寄り添い，どうすればよいのかを自分のこととして考えた。プラスチックごみの問題に

69

第4章　ファシリテーターとしての教師・指導者

ついて考えたときは，終わったあとも，部屋にあふれるプラスティック製品を
どうしたらよいのか，何カ月も考える子どもたちの姿があったという。

　ある日，「権利の対立」をテーマに，ロールプレイを通して行事の内容を決
める方法を考えた。多数決がよいかどうかという話になり，子どもたちのなか
では「多数決だと決まるのが早い」「多数派がいつも正しいとは限らない」と
さまざまな意見が出た。「休みの人がいた場合はその人が来てからもう一度話
し合えばよい」という子どもの声を聴いて，はっとした。プロセスを重視して
納得するまで考えることを，実際に「えん」のなかで体験しているから出てく
る言葉だと思った。

　最近では，職員や子どもたちから学びたいことのリクエストがあり，自主学
習として前もって調べてくる子どももいる。その調べたものは質，量ともすば
らしく，子どもに多くのことを教えてもらう。自分で知りたいことを学ぶ力の
重要性を強く感じている。時間も空間も自由なワークショップでは，1つの問
いを一緒に考えたり，いつの間にか，子どもや大人の話をじっくり聞いたりし
て，ファシリテーターがいなくても，その問題やテーマについて対話が続いて
いく。

　以前は，話を聞いてくれない子どもたちの態度にイライラしたり，ワーク
ショップの進行を重視した結果，子どもたちの反応や表情を見逃してしまうこ
ともあった。つまり，知識を伝えることや，用意したものを実施することを重
視し，子どもにとってなにが一番大切なのかを後回しにしていた。従来の知識
伝達型の教育を自分自身のなかでも内面化してしまっていたことに気づいた。
子どもたちが主役で，かれらの意見や反応から対話を始めればよい，そのこと
に気づかせてくれたのは，「えん」の西野博之代表はじめ，各職員が，子ども
たちに徹底的に寄り添う姿勢にあった。一人ひとりが，まさに，ファシリテー
ターだった。子どもたちの言いたいことを先回りして聞くのでもなく，無理や
り促すのでもなく，一緒にそこにいる。そうすると子どもたちが表情や態度，
言葉などで反応していく。それを丁寧に拾いながら，一緒に考える。さらに異

②ファシリテーターの役割

年齢の子どもたちが集まるため，自然に年上の子どもたちが年下の面倒をみて，学びを支援し，ファシリテーターの役割を担っていることがある。

ウェブサイトに「えん」の目的が次のように書かれている[13]

> 他人に気にいられようとか，世間に合わせようとかするのではなく，ひとりひとりがそれぞれのペースで『自分』を大切にできる。だれもが『生きている』ただそれだけで祝福される。そんな場をみんなでつくっていきたいと考えています。

何かをすること，何かをできるようになることの前に，一人ひとりが「自分」でいられる場所であることが重要であり，主体的な学習は，そのような場所でこそ可能であると改めて感じた。

最近では，子どもたちに役割を担ってもらったり，問いを考えてもらったりすることも多い。そして，「えん」のなかでは，みんなと考えればよいと思えて，ファシリテーションがとても楽になった。その場にいること，そこで，参加者とともに一緒に考える形がおもしろいと感じている。

(3) ファシリテーターの姿勢や技能

2つの事例では，教師・指導者が「教える」「指導する」役割から，ファシリテーターとして「支える」「引き出す」「学びあう」役割に重点をおき，「学習観」の転換が起きている。2つの事例から導き出される，ファシリテーターの姿勢や技能を以下にあげたい。

① 学習者の力を信じること

上尾東中学校の例にもあるように，学習者の力を引き出すには，かれらの力を信じ，「見ること」「聴くこと」「待つこと」が重要である。学習者から意見が出ないときに，自分の意見をいってしまうのではなく，かれらの様子を観察し，声を聴き，声が出ないときはじっくり待つ。グループワークの時間は，グループのなかを見回り一人ひとりの表情や取り組みを見ることで，どのような状況なのかが把握できる。また，学習者からなかなか声があがらないときは，

71

第4章　ファシリテーターとしての教師・指導者

質問がわかりにくかったり，学習者が緊張していたりする場合もある。かれらの態度はすべて，ファシリテーターの態度や発言への答えと捉え，自身の活動を批判的に振り返り，考える必要がある。

　プログラムをたくさん準備してきても，その通りにはならないことは多い。そういう場合は，あくまでも学習者の関心や，その場の状況を捉え，学習者とともに，進め方を考えていくことが重要である。

　② 人権意識をもつこと

　上記の「えん」の例にもあるように，学習の場が参加者全員にとって安心・安全な場所でないと，学習に取り組むことはむずかしい。学習者一人ひとりが，自分は大切な存在で，その場所に必要な存在だと思えるために，ファシリテーターが果たす役割は大きい。

　また，人権は誰もが生まれたときからもっているものであり，他人に奪われるものではないという意識をもち，学習者同士，またはテーマや特定の人や地域に対する偏見や差別的な発言があったときは，できるだけその場で，差別的である旨は伝えることが重要である。逃してしまうと，その言葉を認めてしまったことになる。

　とくに，学習者の社会的文化的背景は多様であることを前提に，学ぶ環境やプログラムをつくることが重要である。社会的文化的に少数者である人がいたとしたら，その声をできるだけ聞き，安心して参加できるように，学習者間でもお互いを尊重しあえる環境をつくることに注意したい。

　さらに，ファシリテーター自身が自分の偏見や固定観念に意識的になることも大切である。学習者やほかの関係者から指摘があれば，それを真摯に受け止め，なぜ，そのような偏見をもったのか考えることができる。

　③ 学び・振り返り・変わる

　もともとファシリテーター自身がもっている「権力」に意識的になることは重要である。ワークショップや授業などにおいてすでに情報をもち，進め方なども準備していることから，学習者とまったくの対等ではないことを自覚する

必要がある。また，ファシリテーター自身が深く自分の行動や思考を振り返ることは重要である。その振り返りを通して，自分の考え方や進め方，価値観などを変えていくことができる。

上尾東中の教師がテーマや教材づくりについて関心をもち学んでいるように，開発教育や ESD は，生涯にわたって学びつづけることができる。学校や授業のなかだけの学習ではなく，職場や地域，家庭，あらゆる場での学びを続けることが，ファシリテーターとしても大きな力になる。

④ 助けを求める・バトンを渡す

テーマに関してファシリテーターがすべて知っている必要もなく，困ったら「わからない」ことを話し，学習者やほかの人に助けを求めることは大切である。そのように，助けを求めることで，学習者の力を引き出すことにもつながる。さらに，徐々にファシリテーター役をほかの人に移譲していくことは重要である。チームでプログラムを担当しているときはそのメンバーに，グループワークでは学習者に，ファシリテーターを担ってもらうことができる。そうすると，自分一人ですべてをやらなくてすむので，気持ちが楽になり，ほかの人もファシリテーターの体験ができて，学びが深まる。

⑤ 社会に参加する・社会変容をめざす

参加型学習の目的は，さまざまな手法や教材を使うことではなく，そのように学んだことから，社会への疑問や関心をもち，他者の意見を聞き，話し合いを通して，自分の意見を表明する力などをつけて，実際の社会の活動へ参加し，持続可能な社会を創ることに参加することである。

ファシリテーターは，学習の場やさまざまな意思決定の場に，すべての学習者の参加を保障するのは当然のこと，学習者が，社会参加の意味を理解し，さまざまな形で経験できるように，励まし，支援することが大切である。社会のなかで，実際にどのような形の参加が可能なのか，参加できていない人は誰なのか，それはなぜなのか，意思決定はどのように行われているのか，などを学習者とともに考えていくことが重要である。

第 4 章　ファシリテーターとしての教師・指導者

③ 自己変容，社会変容につながる ESD のファシリテーションとは

　第 1 節で述べたように，ESD では，教師や指導者はファシリテーターとして，持続可能な開発の視点をもって，自己変容と社会の変容の学習を進める役割を担うことが期待されている。自己変容・社会変容につなげるためには，授業・プログラムづくりはもちろんのこと，学級・環境づくり，学校・組織づくりにおいてもファシリテーションが必要である。3 つの場面におけるファシリテーションの理念について考えたい。

(1) 3 つの場面におけるファシリテーションの理念
① 学級・環境づくり—場と学びのオーナーは参加者

　学校の教室のなかでのファシリテーションは，子どもたち一人ひとりが，クラスのオーナーとして，自分で考え，自己選択，自己決定をしながら自分らしく生きること（基本的人権）を支える，人権尊重スキルでもある（ちょん・岩瀬 2011：20）。たとえば，クラスのなかで対立があったときに，頭ごなしに怒るのではなく，子ども自身が，何が起きて，どう感じたのかを振り返り，どうしたいのかを考えて，自己決定していくことを支援していくことで，子どもたち自身が問題を解決し，協力する力をつけていくことができる。

　学習者一人ひとりが自分を大切に思い，自分の意見や決めたことが認められ，尊重されれば，ほかの人の権利も大切にできる。とくに，集団行動が重視される学校では，集団のためにさまざまな規則がつくられるが，最も重要なのは，個々が大切にされることである。その結果として集団は大切にされる。しかし，そのような場をつくるのは，教師や指導者だけでは不可能で，すべての関係者や学習者がそのような思いを共有しておくのは重要であろう。

　具体的には，以下のような作業を，学習者と一緒に進めていくことができる。

・ルールづくり

・目標づくり

・役割づくり・役割分担

③ 自己変容，社会変容につながる ESD のファシリテーションとは

・参加者同士が知り合う機会づくり

・参加者同士の共同作業

・問題が起きたときに参加者主体で解決できるようにすること

　いっぽうで，このような学級づくり・環境づくりがいつもうまくいくとは限らない。とくに学校においては，30 ～ 40 名での集団行動を強いられるのは，苦しいと感じる子どもがいるのは当然である。実際に，固定担任制や定期試験を廃止したり，学級に入りたくない子どもたちへの支援の取り組みを強化したりしている学校は増えてきている[14]。

　子どもたちの経済的，社会・文化的背景は一人ひとり異なるのだから，学びの方法やスタイルも異なって当然である。一人ひとりの「安心」や「幸せ」を中心に，子どもたちがお互いちがいを受け入れ，尊重しあう環境づくりを子どもたちとともに行うことがファシリテーターには求められている。

② 授業づくり・プログラムづくり―教師・指導者も参加者もともに学ぶ

　学習者が主体となり，対話的な深い学びを行うためには，ファシリテーションの準備が必要である。まず，学習者の発達段階や社会的・文化的背景とともに，個々の関心や興味を知ることが重要である。学習者とともにテーマを考えられるのが理想であるが，大きな単元やテーマは決まっていたとしても，そのなかで，学びを深めるためのプログラムの構成を考えていくことは可能である。進め方としては，テーマについて学習者が一人で考えたあと，ペアや 3 人組，4 人組で共有するなど，学習者同士が聴きあい，学びあえる工夫をする。そのなかで既存の教材や参加型の手法を用いることができる。さらに学びを深め，自分自身の問題として考えるためには，問いを投げかけ，学習者同士が質問しあえるようにできるとよい。

　質問は，ESD の 4 つの視点（社会，経済，政治，環境）などから考えることができる。そのなかで，問題の本質に迫った質問，たとえば学習者の価値観や固定観念，ライフスタイルなどを問い直すもの，多様な意見があり，意見の対立があるものなどを選ぶとよい。山中によると，ファシリテーターの役割は，「グ

第4章　ファシリテーターとしての教師・指導者

ローバルイシューについて生徒に教えることではなく，生徒がグローバルイシューについて知識を獲得することを通して，自らの価値観や前提を問い直す機会を作り出すこと」である（山中　2016：126-127）。つまり，知識は，ただ暗記するのではなく，学習者が社会を新しい視点でみるために，また，自分を見直すために使われ，かれらのものになっていくことが必要である。

　SDGs や ESD のようなテーマは，教師・指導者だけで考えるのはむずかしいので，各分野に詳しい外部講師や多様な情報源を活用することが重要である。そのために，教師や指導者もできるだけ外部と多くのつながりをつくり，協力してもらうとともに自らも学ぶ必要がある。

　プログラムの終わりには，学んだことは何か，学んだことは自分にとってどのような意味があったのか，何が変わったのか，今までの学習とどうつながっているのか，さらに，どのように学んだのかについて振り返ることを支援する。振り返りは個人で行い，グループで共有する。振り返りを行うことにより，学習者が自分の変容に気づき，次の学習や行動につなげることができる。もちろん，ファシリテーター自身も批判的に自身の実践を振り返ることが必要である。

　③ 学校づくり・組織づくり―管理職がファシリテーターに

　上記①②を進めていくには，学校・組織づくりも行っていく必要がある。なぜなら，学級や授業で子どもたち主体の学習を行っても，授業以外の時間や行事などで子どもの声を聞かずトップダウンで決められてしまうと，子どもたちの主体的な学びの芽は摘み取られてしまうからである。

　また，①②のような取り組みを行うには，教師や指導者自身が対話を通して学んでいないとむずかしい。職員室のなかでも，教師同士が学びあえるような，学校づくりを進めていく必要がある。「ESD for 2030」によると，ESD は授業だけでなく，ホールスクールアプローチで，学校全体，地域も巻き込んで行われることがめざされており，学校の方針や意思決定の構造，職員研修や PTAなど，さまざまな仕組みも，一人ひとりが大切にされ，民主的で公正な方法で

行うことが求められている。そのためには，管理職の役割が重要である。

横浜市の小学校校長として ESD を進めている住田は，支配型ではなく支援型のリーダーシップを提唱している。つまり，管理職はピラミッドのトップにいて指示するのではなく，逆ピラミッドを支える立場をとる。たくさんの情報を一方的に流すのではなく，逆にさまざまな年代の教職員から出てくるアイデアのほうが価値があると認識し，皆の情報を引き出し，まとめて提案することが重要だという（住田　2019：8-9）。

この提案はまさに，管理職が学校運営のファシリテーターとなり，教師や職員，生徒たちから意見を引き出す役割に徹することを勧めている。その結果，住田が以前勤務していた小学校では，教師たちが学校運営のオーナーシップをもち，教職員主導のさまざまな働き方改革，学校改革が進んでいるのだ（住田 2019：120-122）。このような状況では，当然，学習観は転換され，学校制度も文化も見直されているということになる。現在の学校制度のなかで，良くも悪くも管理職の役割は大きい。管理職がファシリテーターになることで，学びのあり方にも学校文化にも変化が起こるのは確実である。

(2) 一人ひとりの意思決定・社会参加を支援するために

上記のようなファシリテーションは一朝一夕に身につくものではない。ファシリテーター自身が，仲間とともに実践を重ね，実践を批判的に振り返り，学び続けていくこととが必要である。

本章で紹介してきたように，ファシリテーションは誰かに役割が固定されているのではなく，学習者も含めて誰もが担えるものである。ファシリテーター自身の学習観が変わり，学習者に寄り添い，一緒に学ぶ姿勢から学習者の意識変容や行動変容は起きている。これをさらに，どうやって社会変容につなげていくのかについては，明らかな答えがあるわけではない。

社会参加，社会変容をめざすなかで，より重要になるのが，ESD が重視する視点の1つである，市民による「意思決定」をさまざまな場で実現していく

第 4 章　ファシリテーターとしての教師・指導者

ことである。教室のなかでも組織のなかでも，一人ひとりの自己決定権を尊重しつつ，多様な人たちとの問題解決の方法を実現していくこと，集団としても個々の権利を尊重し，協議を通して，方針や進め方を変えていくことが大切である。そのためには，授業やプログラムのなかだけでなく，学級・環境づくりや学校・組織づくりを行うなかで，多様な学習者の意思決定への参加を保障し，民主的なプロセスを実現していくことが必要である。学級づくりや学校づくりにおいても，管理職から教職員に，教師から子どもたちに権限を委譲し，任せていくこと。そのなかで問題があれば一緒に考えていくことを繰り返すことで，意思決定や社会参加の力はついていく。それを支援することこそがファシリテーターの重要な役割である。

　一人ひとりが大切にされ，対話を通して学び，意思決定や社会づくりに参加する力を発揮できる社会は，確実に今より公正で持続可能な社会なのではないだろうか。そのために，教師や指導者がファシリテーターになる意義は大きい。

[中村　絵乃]

注
1) 文部科学省ウェブサイト「平成 29・30 年改訂 学習指導要領，解説等」http://www.mext.go.jp/a_menu/shotou/new-cs/1384661.htm（2019 年 8 月 25 日最終閲覧）。
2) 吉永宏（1984）「開発教育・方法試論」『開発教育』No.3，開発教育協会，p.22。
3)「ESD に関するグローバル・アクションプログラム」http://www.mext.go.jp/unesco/004/1345280.htm（2019 年 8 月 25 日最終閲覧）。
4) Education For Sustainable Development Beyond 2019　https://unesdoc.unesco.org/ark:/48223/pf0000366797.locale=en（2019 年 8 月 25 日最終閲覧）。
5)「20 年後の自分と社会」（2016）『18 歳選挙権と市民学習ハンドブック』開発教育協会，p.35。
6) 筆者は松倉紗野香氏に「GC 科の中で起きた教師の変化」についてインタビューを行った（2019 年 8 月 23 日：上智大学）。
7) 同注 6。
8) 上尾市立東中学校「グローバルシティズンシップ科」研究発表会資料（2018 年 11 月 21 日）。
9) 同注 6。

10）川崎市子ども権利条例をもとに，市と NPO の協働事業として公設民営型のフリース
　ペースとして誕生した。ここの特徴は生涯学習（社会教育）の視点にたって，学校外で
　多様に育ち・学ぶ場としてスタートしたことにある。

11）西アフリカの太鼓。

12）ラテンアメリカの民族音楽。

13）フリースペースたまりばウェブサイト http://www.tamariba.org/（2019 年 8 月 25 日
　最終閲覧）。

14）東京都立麹町中学校，世田谷区立桜丘中学校などの事例がある。

参考文献

石川一喜・小貫仁編（2015）『教育ファシリテーターになろう！』弘文堂

開発教育協会編（2016）『ワークショップ版　世界がもし 100 人の村だったら　第 5 版』
　開発教育協会

――（2018a）『パーム油のはなし　改訂版』開発教育協会

――（2018b）『スマホから考える世界・わたし・SDGs』開発教育協会

住田昌治（2019）『カラフルな学校づくり― ESD 実践と校長マインド』学文社

ちょんせいこ・岩瀬直樹（2011）『よくわかる学級ファシリテーション①かかわりスキル編』
　解放出版社

パウロ・フレイレ／三砂ちづる訳（2011）『新訳　被抑圧者の教育学』亜紀書房

山中信幸（2009）「学校教育におけるファシリテーターとしての授業実践の課題とその可
　能性」『開発教育』vol.59，開発教育協会，p.39-54

――（2016）「開発教育におけるファシリテーターとしての教師とは―意識変容の学習を
　支援するために」『開発教育』vol.63，開発教育協会，p.120-128

ユネスコ編／阿部治・野田研一・鳥飼久美子訳（2005）『持続可能な未来のための学習』立
　教大学出版会

第5章
ESDの評価方法の検討
——「ESD・開発教育ふりかえりツールキット」作成から

　「持続可能な開発のための教育（ESD）」の評価には，まず「持続可能な開発（SD）」とは何か，そしてそれに「向けた教育」とはどのようなものかの想定が必要になる。

　本章では，ESD実践の定型の評価方法を示すのではなく，SDGsをふまえた評価に対する視点のもち方や，方法を探求するプロセスそのものが重要となる観点を示したい。そしてESD評価には，学校教育であれ社会教育であれ，学習の結果だけではなく評価プロセスを重視する共通理解が実践関係者相互に必要となる点，そのうえで共同による実践評価が重要になる点について考えてみたい。具体的事例として，ESD実践の主にプログラム評価を対象とした『ESD・開発教育実践者のためのふりかえりツールキット』作成過程において，評価の5つのアプローチがつくり出された議論をもとに論ずる。

　なお，生徒・学生に対する成績評価については，第6〜10章で各実践に即して言及されているので参照されたい。

1 開発と教育の評価

　開発の評価は，事業評価やプロジェクト評価として設定される課題の解決，

インパクトや波及効果などを質的量的に測られる。たとえば著名な指標には，1991 年に OECD-DAC（経済協力開発機構／開発援助委員会）が発表した「DAC 評価 5 項目」があり，「妥当性」「有効性」「インパクト」「効率性」「持続性」とされている。それらを客観的，総括的に評価し，事業やプロジェクトとしての効果や妥当性をはかっていく評価がある。またそうした総括的評価とは異なり，1980 年代以降，形成的評価としての参加型評価の理論と実践が発展してきた。

　教育評価の理論もまた，質的・量的，短期的・長期的，絶対的・相対的など多様な観点と基準が生成されてきた。たとえば著名な指標としては，OECD のコンピテンシー概念や日本の学校の観点別学習評価に用いられる「関心・意欲・態度」「思考・判断・表現」「技能」「知識・理解」がある。それらに基づく観点から，学校では段階評価はもとより，総合的な学習の時間導入に合わせポートフォリオ評価なども広まった。また社会教育においては，社会教育事業評価と学習評価の 2 点から評価が検討されるが，その目的は多様である。たとえば教育施設評価については，施設の存在意義を共有する目的，配置される職員や学習者の力量形成の目的，地域・まちづくりの行政評価の目的などから観点や基準が設けられる。

　開発についても教育についても多様な評価があるなかで，ESD 評価は，教育評価の理論の 1 つとして位置づくが，さらに開発の評価がどのように組み込まれるのかが同時に問題となる。

② SDGs の理念に基づく ESD 評価とは

　広く知られているように，SDGs では「誰一人取り残さない」をスローガンに掲げている。その実現とは，質が保障されている教育，医療，福祉への人のアクセスを含め，経済・社会・環境のバランスの取れた地域・まちづくりにおける，あらゆるプロセスへの人々の参加を実現することを意味する。また SDG17 は「持続可能な開発のための実施手段を強化し，グローバル・パー

トナーシップを活性化する」としており，SDG1 〜 16 までの目標達成手段に，あらゆるステークホルダー（事業・実践の担い手）のパートナーシップや，現状評価に関して質の高い信頼性があるデータ収集の方法を向上することが示されている。

こうした SDGs の「誰一人取り残さない」参加の理念の実現と，質の高い信頼性がある現状のデータ収集を可能にする ESD 実践では，その評価は成果だけではなくプロセスを，客観性だけではなく当事者性を重視されることが求められる。それは，人々の参加の状況とは結果ではなくプロセスであり，参加の理念の実現評価は当事者から語られるべきものだからである。

そして，ESD における教育実践構築のプロセスの吟味は，開発のあり方を吟味することにもなる。SD（持続可能な開発）達成のための教育とは，SD を自明の価値として「教え込む」教育であってはその理念が抜け落ちる。また，教育の構造には「知る者」「知らざる者」「教える者」「教えられる者」といった主客の関係がもたれやすく，「不公正」な実態を含みがちであることも認識しておかなければならない。たとえば ESD の理念において，「開発」および「教育」が民主的であることを重んじるならば，実践における評価プロセスも民主的な方法がとられるべきであろう。ESD に関係する人たちは，評価されるべき「開発」や「教育」のあり方を実践プロセスから学ぶことが，SDGs の理念に基づいた実践構築となる。学習者が何を学んだのかという評価だけではなく，それも 1 つの評価のリソースとして実践者自身が自らの実践の軌跡を振り返り，プロセスづくりの評価をすることが重要となる。

③『ESD・開発教育実践者のための　ふりかえりツールキット』作成から

ESD 実践のプロセスを評価するための指標や方法を考案した事例として，『ESD・開発教育実践者のための　ふりかえりツールキット』[1] 作成プロセスをみていきたい[2]。

③『ESD・開発教育実践者のための　ふりかえりツールキット』作成から

(1) 作成の背景

このツールキットは，ESD・開発教育の実践者が振り返り，評価をすることの意義や目的を整理し，評価活動にそのまま活用できるワークシート（以下，評価シート）を含めた形でまとめられている。2012年度に，開発教育協会（以下，

写真 5-1　初版のハンドブック表紙とツールキット
出典：開発教育協会ウェブサイト

DEAR）内に「自己評価・ふりかえり研究会」が筆者を含んだメンバー5名で立ち上がり，2014年度までの約3年間の活動実績の成果として発行された。またその間にメンバーで考案された評価案を試行してもらえる実践協力者たちがいた。

研究会の発起人の一人であった西あい（DEARスタッフ＝当時）によれば，この研究会の背景には，2008〜2009年度にDEAR内に設置された「地域に向き合うファシリテーター研究会」での議論があったとされる（西　2015）。議論では，「開発教育の普及のためには，言語化されていないその"視点"を言語化し発信する必要があると提起された」とし，ESDのめざす方向性である「公正な社会づくり」の土台となっている共通した"視点"があるはずだが，それが具体的に言語化されていないため，言語化に努めようとするねらいがこの活動にあった。

(2) 5つのアプローチ

この研究活動成果として，5つの評価アプローチが生み出された。それらのアプローチの目的や特徴をまとめたものが表5-1である。

最終的に5つとなったアプローチであるが，当初は4つの案から提案されていた。また複数のアプローチを提示することは，最初から意図されていたわけ

第5章　ESDの評価方法の検討――「ESD・開発教育ふりかえりツールキット」作成から

ではなかった。第1回の研究会においてメンバーが互いの案をもち寄ってみると、ESDの捉え方や評価指標への考え方、さらには評価方法の考え方も多様であることが明らかになった。そこで当初から提案されていた4つの案をそれぞれに試行、フィードバック、ブラッシュアップを繰り返すことにした。また4つのアプローチを組み合わせた評価方法も模索された。

写真5-2　講座『実践を振り返る』の様子
提供：開発教育協会（2014年9月23日）

　議論を重ねるにつれて、ESDの評価とは何か、なぜ評価するのかといった目的や動機の多様性や、個人の評価方法は実践する人の個人的な「好み」の多様性がある、という認識の共有がされていった。そして第4回の研究会において「評価のバリエーションが色々あったほうがよい」という意見にまとめられ、それまでに出された案を集約するのではなく、4つのバリエーションとしてそれぞれを提示することが決まった。

　1回目の試行協力者からのフィードバックを得たあと、第5回の研究会からは、評価方法の方向性がいくつか定まっていった。まず、実践者が実践評価の目的を問い直せるような内容にすること、そして、評価シートに1人で記入するだけではなく、誰かと一緒に考えたり、関わる人同士で話し合ったりするプロセスを提示したいという点であった。試行協力者からの「相互評価が必要なのでは」という指摘もあり、評価をすることが学習プロセスとなるために、評価シートへの記入をしつつ、それを用いて人と吟味や議論をする評価プロセスを構想しはじめた。そのことで批判的にも実践を振り返る視点をもてるのではないかと考えたからである。

　こうした模索を重ねながら、出されていたアプローチ案に第8回の研究会で「視点アプローチ」「総合アプローチ」「記述アプローチ」という3つの名前が

84

③『ESD・開発教育実践者のための　ふりかえりツールキット』作成から

表5-1　５つのアプローチの目的や特徴の一覧

視点アプローチ「ESD・開発教育の価値と視点からふりかえる」…8頁	総合アプローチ「実践全体を総合的にふりかえる」…26頁	記述アプローチ「ファシリテーターとしての自分をふりかえる」…41頁	学習者アプローチ「学習者の様子や変化，コメントからふりかえる」…52頁	気持ちアプローチ「実践者の気持ちからふりかえる」…61頁
目　的				
実践をESD・開発教育の価値から捉えなおし，広く実践主体の価値や視点に関する気づきを得る	実践全体を総合的にふりかえり，自身の視点やスキルおよび学習者・関係者の変化などに関する気づきを得る	実践や学習者に対する実践者の解釈を自分自身で確認し，自分の視点や価値観を確認する	学習者の様子や変化をとおして，実践としての自身の視点やアプローチに関する気づきを得る	実践者の感情・気持ちを入り口に，その理由を別の視点から捉えなおすことでより多角的に実践をみつめる
こんな人にオススメ！				
例えば：・教材／方法／テーマ設定が適切か考えたい・事業全体を通した参加度を確認したい・組織全体の計画・方針を見直したい	例えば：・実践全体をじっくりふりかえりたい・オリジナルの評価指標を作りたい・実践プロセスを追ってふりかえりたい	例えば：・ファシリテーションスキルを高めたい・実践者としての自分の態度や行動をふりかえりたい・学習者や実践の解釈をしたい	例えば：・自分が無意識のうちに印象的に捉えているものを考えたい・学習者に参加してもらい，実践者としての自分をふりかえりたい	例えば：・実践を簡単に振り返りたい・気持ちをきっかけに実践を別の視点から捉え直したい
ここがイチオシ！				
・実践全体を総合的にふりかえることができる・実践者が大事にしたい価値について焦点化することもできる・組織や団体の方針・指針も含めて包括的にふりかえることができる	・実践全体を総合的にふりかえり，実践者の視点を深めることができる・実践の目的を，実践者自身，関係者，学習者の視点から検証し，実践の効果を多角的に検証できる	・準備，学習活動，ふりかえりをこのワークシートで行える	・参加者の様子・化・気持ちを大切にしながら実践をふりかえることができる・ESD・開発教育で大切な実践者の立場・役割や，学習者との関係をふりかえることができる	・実践者の気持ちにしておりふりかえりやすい・短時間でできる
ここが大変！				
・時間がかかる・くりかえし自問する必要がある	・時間がかかる	・実践中にメモをとるところ・実践に対する自分のあり方を，「書くこと」をとおして向き合うところ	・特定の印象的だった点に焦点をあてるので全体的なふりかえりは難しい・「問い」を重ねて立てなければならない	・あくまでも主観的な気持ちを入り口にしているため，事業や実践全体を見直すには適さない

出展：『ESD・開発教育実践者のためのふりかえり・自己評価ハンドブック』p.6

第5章　ESDの評価方法の検討──「ESD・開発教育ふりかえりツールキット」作成から

つき，後日4つ目に「学習者アプローチ」という名前がつけられた。つぎに，それぞれのアプローチづくりの経緯と特徴をみていきたい。

4 5つのアプローチづくりの経緯と特徴

（1）視点アプローチ

視点アプローチは，あらかじめ評価指標を提示し，それぞれの指標項目に対して「何をどう実践したか・何が起きたか」「なぜそうしたか・そうなったか」「気づいたこと・考えたこと」を記述していく方法として提案された。手順は以下のように示されている。

---

① ふりかえりたい項目を選ぶ
② 選んだ項目についてシートに書く
③ 次の実践に活かすことを書く

指標項目は，欧州の開発教育を推進するNGOネットワークのプロジェクト団体が発行した評価項目などが参考にされた[3]。大テーマは，「学習テーマ・内容」「事前準備・学びの場づくり」「プロセスと方法，ファシリテーション」「変容と波及効果」の4つであり，それぞれに小テーマの指標項目がある。試行協力者による感想から，指標項目を記述して埋めるのはたいへんであるため，同様の項目で別途，どの程度できていたのかが確認できる段階評価的なチェックリストと，それを「独りよがりの評価」にしないために実践者に考えてほしいことに関する設問を設定しておいてはどうかという提案があった。

しかし研究会では，チェックリストの形式を設けることへの是非がしばらく議論された。実践をじっくり振り返る評価プロセスをつくる目的からすると，提示された指標項目について「やれたかやれないか」のチェックをするのでは振り返りの質として不十分なのではないかという懸念からだった。

結果として，教育現場によっては評価に時間が取れない問題をかかえていることと，ほかの試行協力者からも簡易にできる方法のニーズが現場にあるという意見が出されたため，記述形式と同じ指標項目を「4：とても良くできた／3：

よくできた／2：合格ライン／1：不十分だった」の4段階で評価するパターンを併せて設けた。

(2) 総合アプローチ

　　総合アプローチの特徴は，実践を比較的長い一連の流れとして見渡すことを目的としている点である。一度に実践全体を振り返ろうとするのではなく，事前準備段階，実践直後，学習者の感想を入手したときなど，実践におけるそれぞれのタイミングで少しずつ振り返り，書き込んでいく形式である点だ。このアプローチが「総合」的である意味は，実践全体を見通すなかで，事前に何をどう意図して計画したか，その計画の成果はどういう形でいつ出てきたか，出てこなかったか（想定とはちがう結果），その意味は何か，また，想定していなかった結果（変化）が出てきたらそれはなぜそうなったのかなどを事前準備から終わったあとまでの期間全体を通して記述するという意味であった。以下の4つのステップで実践の記録をしながら評価をしていくことが示されている。

> ステップ1：実践のプロセスのふりかえりを記述する
> ステップ2：自分でチェックリストをつくる
> ステップ3：チェックリストを開発教育の視点から見直し，気づいた点を記述する
> ステップ4：次回に向けて活かしたいことを記述する

　　ステップ1の評価シートは，横軸が「事前準備段階①」「同②」「学習者，関係者の反応・実施中と事後」「実施者の感想・実施中と事後」の4つの時系列，縦軸が記述のポイントとして「ねらいの設定（立案）」「具体化（計画）」「対象理解に関して」「ねらいについて」「テーマについて」「内容・方法・教材などについて」「その他」の7つが示されている。そしてこれらステップ1の記述を通して，実践者が意図していなかった成果が把握された場合には，その成果を意図的に生み出せるよう，ステップ2で作成するチェックリストに反映させるという流れが考えられた。さらにそのリストをESDの視点で吟味するステッ

第5章　ESD の評価方法の検討——「ESD・開発教育ふりかえりツールキット」作成から

プ3への流れとなっている。

　この案で議論になったのは，ステップ3の展開であった。ステップ2で作成するチェックリストの評価指標は自分で作成したもので十分なのか，あるいは「視点アプローチ」同様に ESD・開発教育的な視点として設定する指標項目にそって吟味されるべきなのかという点であった。試作したステップ3の評価シートは「視点アプローチ」のチェックリストと自ら作成したリストを比較して感想を書くといった内容であり自由記述の形式であった。その後，「視点アプローチ」の指標を参考にしながらも「総合アプローチ」独自の指標にそって記入するステップ3の評価シートにつくり替えられた。また検討のなかでは，提示する指標を，実践を通して自ら書き換えていくようなステップ2と3を逆にする案も出された。指標項目を実践者自らつくるのは，その人の実践に対するこだわりや傾向などに偏りがみられ視点が広がらない可能性がある一方で，具体的に自分の特性を把握した指標をつくりやすいのではという意見も出された。

　結局は，当初のとおり指標項目を自ら作成し，ESD の視点で見直していく流れになったものの，指標項目にそって見直す活動が「視点アプローチ」と似てきた点で調整を必要とした。差異化する意味で「総合アプローチ」が，前後のつながりや実践のストーリーがみえる長所をもっている点を活かし，全体を通して最終的に評価指標をつくることを目標にしたらどうかという案も出された。しかし，実践全体のなかで，思いがけない副産物がどのように出てきたのかを漏れることなく拾えればよいのではないかと話し合われた。チェックリストは，その意味で，実践者が大事にしたい点の確認や，抜け落ちていた視点に気づいて加えていくためにつくるという意味合いであることが想定された。よって指標づくりそのものを最終的な目標とするのではなく，指標をつくったことから，それを次にどのように活かすかをまとめるステップ4が設定される形となった。

(3) 記述アプローチ

　記述アプローチは，実践の記録を詳細に綴ることによる実践省察を目的に提案された。よって評価シートは自由記述の大きな空白で設定され，実践の計画段階から記録を残していくタイプであった。記述する内容は以下のように示されている。

・学習者の状況把握と評価（どういう人たちか，参加動機などからアセスメントする）
・学習のねらい設定
・計画の流れとその流れを構成する理由
・実践中の感触（相手の反応や空気感など）
・参加者の感想・発言記録
・実践者の感想・省察・総括　　　　　　　　　　　　　　（　）内は筆者加筆

　最初の提案の際には，「記述内容や書き方が実践者の書く力量に左右されるのではないか」という意見が出された。しかし，その点がまさにこの評価アプローチの目的であり，教育者・学習支援者としての実践記録，実践表現，省察の力量形成が意図されたアプローチであることが共有された。

　試行した研究会メンバーからは，「何回かやるとだんだん書きたくなってくる」という感想が出されたが，時間がかかるという懸念も出された。また実践者の１つ１つの行為や起こったことを振り返ることができても実践の全体像を振り返りづらい点や，計画段階から「この評価をやろうと覚悟して取り組まないとむずかしそうである」といった意見も出された。

　当初は，実践時の実践者側に関する記述欄と学習者側に関する記述欄が別に設けられていたが，それらを区別せずに実践の進行に併せて実践者側と学習者側の状況が比較できるようにする工夫が提案された。実践側の思惑と，学習者の様子が対比できるとよいという見解からであった。

　詳細な実践記録を随時とることによって，後日関係者などで相互評価をする際の資料にもなっていくことが想定される一方で，自由記述が多いため，書き慣れない人が取り組みやすくなるように，使用のための手引となる資料を添付することとなった。結果的には，実際に試行された手書きの写しを例として掲

第 5 章　ESD の評価方法の検討──「ESD・開発教育ふりかえりツールキット」作成から

載した。

（4）学習者アプローチ

　学習者アプローチは，1 人でもできるものの，複数の人たちによるワークショップ形式で行える評価アプローチとして，研究会のなかでもとくに注目され多く協議された。また研究会の属する DEAR の事業において，実際に「ふりかえりワークショップ」として試行もされた。実践者が計画したり想定したりすることを評価のスタートにするのではなく，学習者の様子や変化などを評価の基本素材とし，それらの分析をもとに実践者のもっている視点や姿勢の特徴を振り返るきっかけとすることを目的としている。説明されているステップと内容は以下のように示されている。

ステップ 1：学習者の様子や変化を通して実践を捉えなおす
　・学習者の要素や変化・コメントで印象的なこととその理由を付箋などに書く
　・それらを実践の時系列に並べる
　・さらに「学習内容に関するもの」「学習方法・環境に関するもの」などに分類して並べることもできる
ステップ 2：実践者の視点の特徴や傾向を捉えなおす
　・実践者の視点や傾向，特徴を考える
ステップ 3：実践者の視点を別の視点から捉えなおす
　・実践者の視点を ESD・開発教育の観点から見つめ直す
ステップ 4：実践者自身のふりかえりを次へ活かす

　提案当初は，付箋などに書いた印象的なことをマッピング[4]する活動が想定されていた。マッピングは，実践者だけでやる場合もあれば，学習者と実践者が共同で行う場合もあるとされていた。しかし，それには時間も労力もかかったり，発案者自身の試行でも，取り組みながら気が重くなってしまうという感想から，振り返るポイントを絞ることとなった。そして，「印象にとくに残るもの」を対象化し，その印象が実践全体のどこで起こったのかを相対化することとなった。レビューシートなどの学習者のコメントを，それだけで読解するのとは異なり，実践プロセスに還元し相対化する方法であるため，最終的には

プロセスであれば時系列が整理されやすいとされた。

　このアプローチにおいて，振り返りの共同性に関する試行と議論が繰り返された。まず，実践者と学習者が共同で振り返ることをめぐって，実践における双方の立ち位置が異なる関係性を超える共同した評価の意義や問題点についてであった。結果的に実践者たちで振り返るアプローチを基本とし，「発展編」として，プログラム内に振り返りの時間を設定して共同した振り返りをする「学習者協力プログラム」の方法を別途提示することになった。

　もう１つの論点が，複数での相互評価が，それぞれの評価の披露のしあいになる可能性があり，互いに議論し深めあう評価プロセスをいかにつくり出すのかという論点であった。その点については，このアプローチを利用する実践者らの意向や関係性，評価のファシリテーションに強く影響するのではないかとされた。

　ほかのアプローチと最も異なる点は，振り返りの観点を事前に決めないことである。実践の学習者の反応に対する認識を通して実践者が振り返るため，あらかじめ実践者側が設定する枠組みでの評価指標づくりが取り除かれた形式のアプローチである。試行協力者からは，ねらいや評価を設定し達成をみる評価方法にはそぐわない指摘もあり，学習者の反応を把握し分析することを通して，自身の実践のあり方，とくに学習者へのまなざしや反応の受け取り方を振り返る目的であることを明確化することになった。

（5）気持ちアプローチ

　気持ちアプローチは，４つのアプローチが確定しツールキットの内容がほぼ確定したあとに試行協力者から急遽提案され加えられたアプローチである。開発教育教材である，『もっと話そう！　平和を築くためにできること』5) や『グローバルエクスプレス　第４号「イラク」』6) などにある，戦争に関わる悲しいニュースや出来事を目にした際の「わたしの気持ち」に焦点を当てるアクティビティがヒントになっている。手順は以下のように示されている。

第 5 章　ESD の評価方法の検討──「ESD・開発教育ふりかえりツールキット」作成から

・実践の際の気持ちに気づく（感情を表す言葉の項目からあてはまるものを選ぶ）
・気持ちの理由を書く
・起きた事柄・反応を分析する（自分の気持ちを分析する）
・気づいたこと・改善点を書く　　　　　　　　　　　　　　　（　）内は筆者加筆

　このアプローチは，評価時点で言語化されていない感情や気持ちを入り口にし，理由を追求していく。これまでの４つのアプローチの検討のなかで，試行協力者からも研究会メンバーからも振り返りに気持ちや感情も関わってくることはたびたび指摘されてきた。実践に対する感情には，ポジティブなものも，ネガティブなものも起こりうる。たとえば，ポジティブな感情は，実践者による学習の意図と学習者の受け止めが一致，あるいは共感した場合に起こりやすい。そしてネガティブな感情は，実践者側の意図と学習者の受け止めのギャップに気づき，「うまく伝えられなかった」などの感触が原因となって起こりうる。よってこうした感情を掘り下げることで，実践者が学習者への働きかけ方を見直すことができるのではないかとされた。また，ほかの４つのアプローチが時間をかけて丁寧に言語化しながら取り組む評価であるため，より取り組みやすい方法のニーズがあることも示されてきた。以上から，気持ちや感情を入り口にするアプローチは，評価の多様性の１つに含むべきとする意見から考案された。

　開発教育のワークショップでは，気持ちを表す言葉が記載されたワークシートを配布し，該当する感情に印をつけてもらってその理由を書いてもらうというレビュー収集をすることがあるため，研究会メンバーにとってもこの方法になじみがあり急遽作成された。気持ちの選択項目は以下である（表5-2）。

表 5-2　ワークシート「気持ちからふりかえる」における気持ちの選択項目

感動した	うれしい	ほっとした	くやしい
楽しかった	はずかしい	心配だ	がっかりした
イライラした	しかたがない	わくわくした	複雑
疲れた	腹が立つ	緊張した	

出典：「ESD・開発教育実践者のためのふりかえり・自己評価ハンドブック」p.62

5 研究会で議論されつづけたこと

　以上のようなアプローチをつくり上げるなかで，研究会で議論されつづけた点についてまとめたい。1つは，ESD 評価は事業評価なのか教育評価なのかという点について，もう1つが，評価指標項目をチェックする形での評価か，実践で起こったことを構成する評価が適切なのかという議論である。

　1つ目については，SDGs 達成に向けた ESD 実践とは，学校教育での展開，社会教育での展開，地域や団体における事業展開など，実践の単位が多様であるため，実践の意図と結果の整合性をみる教育評価，学習者が何を学んだのかをみる学習評価，事業全体の運びをみる事業評価をいかに焦点化していくのかという点についての議論であった。ESD 実践者が ESD の実践プロセスをいかにつくり出したのかを振り返ることを目的としたため，実践者が学習者の変容や学びをどのような指標で捉えるのかという点を評価のポイントにしたこと，また教育実践をつくり出す事業としてのプロセスから評価しようとしている点で，学習評価と事業評価を重視したことになる。

　それに関連し，研究会では「アセスメント」「ふりかえり」「評価」の言葉の使い分けについて検討され，「評価（evaluation）」が主に学習成果の解釈や判断を下すことをさし，「アセスメント（assessment）」が学習状況の把握を多角的に行う行為を主にさすことから，「アセスメント」の視点で「ふりかえり」という言葉を用い，実践者が自分の学習成果を解釈し判断するという意味で「自己評価」という言葉を用いることにした。教育・学習・事業のいずれを評価の対象にしたとしても，実践者自身の実践を通した学習評価を目的にすることが，ESD 実践を構築し改善していく助けとなると考えたからであった。

　2つ目の指標の提示については，いずれのアプローチの検討でもメンバーの考えが揺れつづけた。実践者の内発的な学びを支援するための振り返りではあるが，実践が ESD の理念を体現しているのかは，ESD の指標として提示しなければならない部分なのではないかという迷いであった。結果として，「視点アプローチ」は指標を提示し，「総合アプローチ」は指標づくりもするし提示

第5章　ESDの評価方法の検討——「ESD・開発教育ふりかえりツールキット」作成から

もするという両方を行い，「記述アプローチ」と「学習者アプローチ」「気持ちアプローチ」は指標の提示をしない形となった。しかし指標の提示をしなかった「記述アプローチ」「学習者アプローチ」を検討する際にも自らの振り返りを経たあとに，指標を提示して照会する作業の必要性は議論された。

　こうした迷いは，ESD実践者自身をESDの学習主体として振り返りの支援をすることと，ESDの実践主体として振り返りの支援をすることのどちらを重視するかの揺らぎであったといえる。それは，「こういう実践がESD実践だ」と評価指標から提示したほうがよいのかESD実践の指標づくりを実践者に委ねたほうがよいのかという重きのおき方の揺らぎである。ESDの理念とは何かという指標を提示しないのでは，SDに向けた教育実践づくりには不十分ではないのかという考えと，ESD・開発教育における当事者による内発性を重視する理念においては，何がESD実践なのかはつくり出す者に委ねることを重視したいとの考えの間で研究会の議論が重ねられた。

⑥ ESD 実践を評価するうえでの課題

　以上の研究会の検討を通し，ESD実践の評価を考えていくうえでの課題がいくつか提起される。まず，基本的にESDとは「SD価値伝達教育」ではないが，その側面もあるという点である。「SD価値伝達教育」ではないという意味は，既存の価値を「これがあるべき姿だ」と伝達する教育ではなく，持続可能性とは何か，どういった状態を公正とするのか，どうやって多様な人々や自然と共生をしていくかなどの価値をつくり出し実践していくのがESDだという意味である。いっぽうで，「人権を重んじる」「環境の循環性を重んじる」「民主的であること（参加）を重んじる」といった価値は定まっており，その点において価値伝達的な側面もある。研究会のなかで，たびたびESDの視点による評価指標の提示が提案されるのも，SD価値はつくられるものであると考えながらも，定まった価値に準じた評価指標を示していくことがESD実践づくりになるとの考えからであった。この点については今後もカリキュラムづく

りと評価方法を考案するうえで検討されていかなければならないであろう。

　また，「持続可能な社会づくり」の教育は，実践者や学習者双方の学習主体形成によって達成される。持続可能な学習づくりによって，持続可能な社会づくりをするアプローチである。実践者も学習者は，いつまでも与えられる課題をこなし，解決するような課題解決学習者であり続けるのではなく，自ら問いや指標をつくり出し，探求していく力をつけることで，自立した学習者になっていく目標がある。持続可能な社会づくりの構成に，自らを教育していく力を得ていくための実践評価方法は，実践に関係する人たちの参加をいかに保障していくかも含めて考えていかなければならない。

　SDGs における SD とは「我々の世界を変革する」ことで達成されるのを前提に国際社会で合意された。それは，環境や人権をおざなりにする経済至上主義において働く国家間や国内の苛烈な競争原理，そして「持てる者」と「持たざる者」の間に圧倒的な差のある権力構造の変革がないかぎり，達成をみないことが明らかだからであった。

　よって ESD 実践者は，いかなる内容の ESD であっても現存する競争原理や権力構造を，少なくとも問い直していく教育を再構築していく実践が求められる。そして，持続不可能な社会を生み出す競争原理や権力構造を批判的に問う実践であるためには，現状の社会で「人より優れるための教育」や「SD という価値が正しいのだ」とする実践であっては矛盾することになる。アクティブ・ラーニングを実践する際にも，教育の内容だけではなく，方法はメッセージをもつということに再度自覚的にならなければならないだろう。

　それをふまえれば，ESD の評価とは上記の点を含めて，実践者が実践を問えるようなものでなければならない。評価行為には，1 つには実践者が主体となり学習者が客体となる構造が反映されやすいということ，そして，何が持続可能性かを自明とする点も反映されやすいので，それらのことをいかに超えるのかが研究会では模索された。教育実践のなかで働く関係性や内容，方法につ

第5章　ESD の評価方法の検討——「ESD・開発教育ふりかえりツールキット」作成から

いて，実践関係者間や学習者と実践者の間で相互吟味ができる評価を，実践者自らのスタイルに合わせてつくり出すことが課題となる。

［近藤　牧子］

注
1）開発教育協会編（2014）『ESD・開発教育実践者のための　ふりかえりツールキット』開発教育協会。初出は，開発教育協会編（2014）『ESD・開発教育実践者のためのふりかえり・自己評価ハンドブック』開発教育協会。
2）プロセス分析は，研究会の議事録，筆者の記録，「参考文献」にあげた資料，および評価アプローチを作成した研究会メンバー（上條直美・西あい・南雲勇太・中村絵乃）への個別確認（メール）に基づいている。
3）参考にされたのは，*Quality and impact-Journey to Quality Development Education; starting points that helps you to be clear about what you do and why you do it*（CONCORD Development Awareness Raising and Education Forum, DEEEP, 2012）および*…are we nearly there? A self evaluation framework global citizenship KS1-5*（Reading International Solidarity Center，2010）であった。
4）項目を関連づけて配置していく手法。ESD・開発教育では，何の項目をどのように関連づけるかをグループで考案したり話し合ったりしながら模造紙や付箋，ホワイトボードなどを用いてつくり上げていく作業を意味することが多い。
5）開発教育協会編（2003）『もっと話そう！平和を築くためにできること』開発教育協会。
6）開発教育協会編（2004）『グローバルエクスプレス　第4号「イラク」』開発教育協会。

参考文献
岡山大学編（2016）『平成27年度文部科学省　日本／ユネスコパートナーシップ事業　ESD の教育効果（評価）に関する調査研究報告書』岡山大学
西あい（2015）「自己評価・ふりかえり研究会」『開発教育』第62号
日本社会教育学会編（2012）『社会教育における評価』東洋館出版
開発教育協会編（2013）『2012年度「開発教育・ESD の評価」調査・ワークショップ　報告書』開発教育協会

第 II 部

SDGsに向けたESDの実践事例

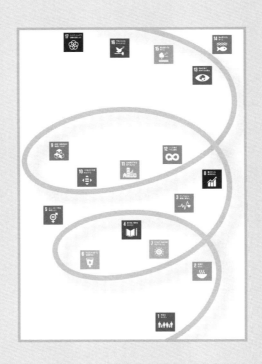

第6章
上尾市立東中学校における実践 (1)
―グローバルシティズンシップ科の設立―

　学習指導要領の改訂を受け，2020年度から使用される小学校の教科書のなかには，SDGsを紹介する教科書も出てきている。しかしながら，学校教育のなかで「SDGsをどのように扱えばよいのか」は，大きな問いであり，多くの教員は何から始めたらよいのか，最初の一歩を模索しているところではないだろうか。

　第6章と第7章において，文部科学省より研究開発学校[1]として指定を受け，4年間にわたり，持続可能な社会の担い手は育むことを目標として，シティズンシップ教育の研究を積み重ねた埼玉県上尾市立東中学校の実践を紹介する。本実践では，新教科「グローバルシティズンシップ科」を開設し，SDGsを柱とした中学校3年間のカリキュラムを作成した。併せて，数多くの関係機関と連携し，学校と社会をつなげる体制をつくることによって学びを広げていた。

　本章では，グローバルシティズンシップ科（以下，GC科）の実践にいたる経緯について述べ，GC科のねらいと内容について説明する。GC科が始まる2015年度から3年目の2017年度までの実践について紹介したい。

① 国連 ESD の 10 年における学校教育の変容

2002 年，ヨハネスブルクサミットの場で日本政府や NGO を中心として提唱された「国連 ESD の 10 年」は，日本の学校教育へどのような影響を及ぼしただろうか。

第一は，学習指導要領に「持続可能な社会」という文言が各教科に盛り込まれた[2] ことである。2008 年に改訂された学習指導要領解説では，社会科や理科をはじめとする多くの教科のなかに「持続可能な社会」という文言が数多く示され，ESD を意識した指導内容をみることができた。学習指導要領のなかで記述されたことによって，ESD という言葉を知らずともそれぞれの教科において，「持続可能な社会」の実現に向けた学習が積み重なってきたことがうかがえる。また，2002 年から実施された「総合的な学習の時間」では，学習指導要領解説のなかで，学習内容の例として，環境，国際理解，健康・福祉，情報，地域活動[3] が示され，ESD で示されている内容との重なりもあることから各学校では，総合的な学習の時間において持続可能な社会づくりに関わる実践が多く行われてきた。

国立教育政策研究所では，「ESD の学習指導過程を構想し展開するために必要な枠組み」と題したパンフレット[4] を作成し ESD の視点に立った学習指導の目標を示し，教員研修などで各学校へ提示した。同パンフレットには，ESD の視点による学習指導が，学習指導要領で示された「生きる力」に通ずるものであることを明らかにし，積極的に推進することを示唆している。

第二に，国連 ESD の 10 年の間に，日本国内のユネスコスクールが大幅に増加し，ESD の実践校が広がった。2018 年には国内だけで 1000 校を超える学校がユネスコスクールに指定され，ESD の推進拠点とされた[5]。日本国内で，ユネスコスクールについて取りまとめをする ACCU（ユネスコ・アジア文化センター）は，ホームページなどでユネスコスクールを中心とする実践事例を多く紹介し，全国の学校へ ESD の実践事例の共有を進めている。また国連 ESD の 10 年を経た現在も毎年，ユネスコスクール全国フォーラムを開催し，ユネスコスクール

第 6 章　上尾市立東中学校における実践（1）―グローバルシティズンシップ科の設立―

の関係者が集まり実践の共有や新たな取り組みについて研修会が行われている。

　このように，学校と社会を結んで地域や校種を超えた「つながり」を育むことや，学校全体で ESD を推進することにより生まれる教材，教科を超えた「つながり」を育むことができたことも ESD 推進の成果であった。

　学校教育の変容をみることができる一方，ESD がかかえる課題もみられた。課題の1つは，ESD という多様で抽象的な概念をもつ言葉を広め，深めることへの困難さである。国連 ESD の 10 年のなかで「ESD」という言葉の認知度は決して高かったとはいえず，一部の教育関係者のなかで実践は積み上げられたが，社会的なムーブメントとなるまでには至らなかった。

図 6-1　ESD の基本的な考え方
出典：文部科学省「ESD の概念図」

　またもう1つの課題としては，実践内容の偏りがみられたことであった。文部科学省が示した「ESD の基本的な考え方」には，「環境・経済・社会の統合的な発展」と明記され，具体的な学習項目が示された（図6-1）。ところが，実際の実践事例をみると環境学習が大きなウエイトを占めており，それぞれの学校での実践の多くが，環境問題を軸としたもので，とくに地域の環境保護活動に関わるものであった。

2 社会の潮流からみる「グローバルシティズンシップ教育」の必要性

　埼玉県上尾市立東中学校（以下，上尾東中）では 2015 〜 2018 年度までの 4 年間，文部科学省研究開発学校の指定を受け，新教科「グローバルシティズンシップ科」を創設し，中学校課程におけるシティズンシップ教育のあり方について，全校をあげて実践研究を推進してきた。上尾東中では，持続可能な社会の担い手を育むため，生徒一人ひとりの社会参画意識の向上とグローバルシティズンとしての資質・能力の育成を図るため，後述の 3 点に着目し，これら

を目的とした GC 科の設立を考えた。

(1) 持続可能な社会の担い手の育成

国連 ESD の 10 年の最終年度であった 2014 年 11 月に岡山と愛知で開かれた最終会合では，その 10 年を振り返り，各国での実践内容が報告され，「あいち・なごや宣言」[6] をはじめとする多くの文書が発表された。

「あいち・なごや宣言」では，ESD のさらなる強化と拡大に向けた緊急の行動が求められていることや，ESD を社会を変容させる力を与える教育としてその可能性を最重要視することが記された。また，持続可能な社会の実現に向けた担い手育成を進める方針が盛り込まれると同時に，国連 ESD の 10 年の後継として採択された「グローバル・アクション・プログラム」(GAP)[7] において教育，訓練，学習のすべてのレベルにおいて ESD の導入，拡大をめざしていることへの留意を示し，資金面や GAP の実施に向けた具体的な取り組みを示唆した。

このように「国連 ESD の 10 年」は 2014 年で 1 つの節目を迎えたものの，実際には宣言などにみられるように「持続可能な社会の担い手の育成」に向けた教育活動の必要性が引き続き求められていた。とくに GAP では，ステークホルダー（実践の担い手）の取り組みに教育者やユース，地域コミュニティが取り上げられており，それぞれの役割が明記された。国連 ESD の 10 年を経て，国際的な潮流だけでなく国内においても「持続可能な社会」づくりをめざした教育活動が幅広く推進されてきたことがうかがえる。

上尾東中では，中学校における「総合的な学習の時間」を新教科の「グローバルシティズンシップ科」へ置き換え，持続可能な社会の担い手の育成を掲げ，幅広いテーマを用いた探究的な学習活動による GC 科の創設をめざした。そのなかには，GAP で「急務である」と示された教育者の役割（変革を進めるファシリテーターとして）をふまえたうえでの教員の養成をも視野に入れた（第 4 章，65 頁参照）。

第 6 章　上尾市立東中学校における実践（1）―グローバルシティズンシップ科の設立―

（2）社会参画意識の向上に向けた「シティズンシップ教育」の充実

　GC 科の設立を議論していた 2014 年当時は，日本国内において 18 歳選挙権の実現に向けた議論が行われていた。ほとんどの国連加盟国の選挙権年齢が 18 歳であることや，投票率の向上，若者の政治参加をめざすことなど議論が交わされていた。その後，改正公職選挙法により選挙権年齢が 18 歳に引き下げられ，2016 年 7 月には国政選挙として初めて参議院議員選挙において 18 歳選挙権が行使され「若者の政治参加」への注目度が高まった。あわせて，成人年齢を 20 歳から 18 歳に引き下げる民法の改正案が国会に提出され，2022 年度から成人年齢の引き下げが決定した。こうした状況のなかで，今まで以上に若者の社会参画意識向上が求められることとなった。

　選挙権年齢の引き下げに伴って，高等学校段階では，副教材として『私たちが切り拓く日本の未来』[8] が全国の高等学校に配布され，模擬投票が各地で実施されて広報活動が行われた。しかし，中学校段階においては，社会科公民分野における教育で政治や選挙について学習はするものの知識習得型の学習が中心で，限られた時数のなかで，生徒の社会参画に対する興味・関心を高めたり，意識の変容をもたらすまでの実践が行われてきたとはいいがたい状況であった。

　参加・体験型の学びを多く実践してきた「総合的な学習の時間」は，職場体験学習をはじめとする「体験」を伴う学習が多く設けられている。しかし，せっかくの体験を各教科の学習や社会生活と結びつけるという点で課題が残り，「活動あって学びなし」といった批判も多くみられた。

　選挙権を与えられてからのシティズンシップ教育ではなく，もっと年少の時期から政治や経済，政府の決定などについてしっかりとした自分の意見をもって話し合いをし，判断できるようになってほしいという願いから上尾東中では中学校段階におけるシティズンシップ教育の推進に向けた実践を考えた。

（3）多様な他者との協働できる力を育む学びの実現

　国内の在留外国人は 2018 年現在およそ 270 万人。埼玉県においては 18 万人[9]

を超えている。日本で働く外国人，および外国人を受け入れる日本企業ともに増加傾向にあり，多様な他者と協働するための資質・能力が求められている。多文化共生の社会づくりをめざし，複数の異なる言語，宗教，文化を受入れ，協調しあい，ともに学び，考え，行動できる人材を育成することが求められている。

これまでに国際理解教育や人権教育を通して，多文化共生について学んだり，考えたりする授業実践は多くあったが，中学校では，単発的な実施となる授業が多く，課題設定から参加・体験的活動を含め，まとめ・表現までの一連のながれを系統立てた授業の取り組みとしての実践は十分ではなかった。

また，GC科では，外国人のみを「多様な他者」とするのではなく，クラスをはじめとする集団のなかで連携，協力することそのものを「多様な他者」との協働として捉え，クラスのなかにある「多様性の尊重」を重視することを念頭においた授業づくりを行った。

GC科においては，「みんな同じ」ことを求めるのではなく，それぞれの生徒が意見をもつことで，話し合いが深まることや，それぞれの生徒が役割を担い，お互いに協力しあうことで課題の解決に向けたプロセスができると考えGC科の学習はグループ活動を中心に進められた。

またGC科を推進するにあたっては，学校外の組織との連携を密にとっていた。大学，JICA（国際協力機構）をはじめとする国際協力にたずさわる団体や企業，または環境に関わる団体，地域，そのほか多様な関係機関との連携づくりを大事にしてきた。授業へのサポート体制も充実させ，ときには，授業のテーマ別にゲストティーチャーに入ってもらうこともあった。学校と社会の連携が求められるなか，連携の体制づくりも本実践の目的の１つであった。

③「グローバルシティズンシップ科」研究推進に向けた取り組み

2015年４月から上尾東中の教育課程に「グローバルシティズンシップ科」が新たに加わり，時間割のなかに「グローバルシティズンシップ科」が入ることになった。授業を始めるにあたって，「全体計画」および「年間指導計画」

第6章　上尾市立東中学校における実践（1）―グローバルシティズンシップ科の設立―

の作成を行うと同時に，「目指す生徒像」の作成や研究体制づくりといった実践研究の枠組みを作成した。

（1）グローバルシティズンシップ科で育みたい資質・能力について

　全体計画や年間指導計画を作成するなかで，最初に行ったのは「目指す生徒像」を明確にすることであった。GC 科を学習することでどのような生徒の育成をめざすのか，また，どういった資質・能力を育むのかについて教員が共通理解をもって，授業を進めていくことが求められた。GC 科が「目指す生徒像・身につけさせたい資質・能力」を以下のように設定した。

〈目指す生徒像〉
1　自らの考えや根拠のある意見をもって社会に参画できる生徒
2　多様な文化，習慣，考え方を尊重し，共に生きることができる生徒
3　自ら課題を見付け，物事を多面的に考えられる生徒
4　クリティカルな思考を身に付け，自ら進んで調査し発信することのできる生徒
5　一人の市民として，より良い社会づくりに協働して参画できる生徒

〈身につけさせたい8つの資質・能力〉	
【社会参画】	一人の市民として社会をより良くしようとする活動に関わろうとする力
【多文化共生】	多様な背景（宗教・言語・歴史等）を理解し，互いに尊重する力
【課題発見・設定】	自らの課題に気付き，自分ごととして捉え，課題を設定する力
【批判的思考】	物事の本質を捉え，多様な視点で事象を読み取ることができる力
【協　働】	多様な他者と協力し合い，それぞれの良さを生かして課題解決に挑む力
【資料収集・活用】	課題解決に向けた適切な資料を収集し，分析を加えて資料を活用する力
【表現・発信】	調べた内容や自分の考えをまとめ，相手に伝わるように発信する力
【課題解決】	設定した課題の解決に向けて，問い続けながら主体的に取り組む力

（2）「グローバルシティズンシップ科」1年目のカリキュラム

① 共通カリキュラムの作成

　初年度は「総合的な学習の時間」の時数のうち年間 35 時間を充てることとした。そのため，1 年生では総合的な学習の時間の 50 時間のうちの 35 時間が，そして 2・3 年生では，70 時間のうちの半数である 35 時間が本科に充当された。毎週金曜の 6 時間目を「グローバルシティズンシップ科」の時間として設定し，

3 「グローバルシティズンシップ科」研究推進に向けた取り組み

表6-1　2015年度「グローバルシティズンシップ科」カリキュラム

月	単元	○学習活動・具体的な活動例	教師の支援・指導上の留意点
4月 5月	話合いの仕方を学ぶ	○オリエンテーション ○20年後の社会を考える ○「世界一大きな授業」参加 ・世界の教育事情を知り，世界の子どもたちと共に「教育」について考える ○「生徒総会に向けて」 ・「学校づくり」に「参加」する	・学年全生徒を対象に，ねらい，内容，学習方法を説明する ・本科の授業形態は「参加型学習」 ・教師はファシリテーター ・グローバルシティズンとは？ ・生徒総会のねらいや目的を共有し，生徒主体の学校づくりを目指す
6月	「○民」について	○「市民」て誰のこと？ ・市民／国民／難民／移民…… ・「○民」とは誰を指しているのか考えよう ○「難民問題」について考えよう ・世界の難民問題／日本の難民問題について学習する（外部機関との連携を図る）	・「市民」が誰を指すのを考え，それぞれの言葉がもつ意味の違いについて知る ・UNHCR・AARなど外部機関との連携を図って進める
7月	紛争と平和	○ルワンダから学ぶ ・紛争後のルワンダの復興について触れ，復興する中で抱えるジレンマについて考える	・講演会実施 現地で義足をつくる活動をしている "ルダシングワご夫妻" を招きルワンダの現状について講演を聴く
9月 10月 11月 12月	課題発見・設定↓調査	○オリエンテーション ・「グローバルシティズンシップをデザインしよう」 ○課題別学習へ ・テーマ例　教育／環境／保健衛生／貧困／人権／平和／国際協力／多文化共生など ・テーマ別にグルーピングし探究活動の実施 ○中間発表　　○中間発表振り返り	・SDGsに触れる ・新聞，書籍などから課題設定 ・それぞれのテーマに担当教員が付いて課題別学習のガイドを行う ・必要に応じてグループごとにゲストを招いて進める
1月 2月 3月	まとめ・発信	○課題を整理し，発表準備を行う ・世界が抱えている「課題」と「自分」世界の出来事との関連がどう関わっているのかに着目して発表を行う ○振り返り	・グループごとに「紙芝居」「アピールソング」などをつくって発表の場を設定する

※2年生：2月に施設訪問を実施　テーマ別の施設を訪問する

すべての教員がGC科の実施に関わった（表6-1）。

　4月当初に教員研修の時間を設け，GC科の「ねらい」の共通認識とファシリテーション研修を行い，新たな授業に備えた（第4章，65頁参照）。

　②「一斉」カリキュラムからみえた「教員」の役割

　初年度のカリキュラムを進めるうえで，筆者は「教師」の役割について考えさせられる場面が何度もあった。1学期（6月）に実施した「難民」を題材とした学習では，授業のねらいについて共通理解を図り，プレ授業を行い，単元が始まる前に「授業の進め方」について教員間で確認をしたうえで授業に臨んだ。

105

第6章 上尾市立東中学校における実践（1）―グローバルシティズンシップ科の設立―

　本単元では，事前学習として，新聞やニュース番組を用いて「難民」をめぐる問題について学習し，日本国内にも難民申請をしている人々がいることや，支援しているNGO団体の活動について紹介しながら授業を実施した。その後，開発教育研究会が作成した教材「逃げなくてはなりません　その時何を！?」[10]を参考に，戦地から追われる難民の立場を疑似体験できる教材を作成した。この教材では，ロールプレイで自分たちが難民となったときに，何をもっていくのかを決める活動である。最初に30個あるアイテムのなかから持ち出す荷物を15個選ぶ，その後，国外に移動するために飛行機に乗ることから，荷物を減らすことが要求され，最終的に5個を選択する。授業の最初に，国際NGOであるセーブ・ザ・チルドレンが作成し，当時，話題になっていた動画"Most Shocking Second a day Video（1日で最も衝撃的な瞬間）"[11]を視聴した。1分間の短い動画ではあるが，この動画はある少女の1年の様子を表している。明るく朗らかに家族に囲まれて誕生日を祝う様子から，次第に爆撃の音や飛行機の音が飛び交う様子になり，最後にはまったく表情の異なってしまった少女が誕生日を迎える様子を映し出している。

　生徒たちはこのビデオを見て，1回目は何を示しているのか，様子をつかめていないようであった。しかし，もう一度見せると，数名の生徒は映し出された様子を読み取り，少女の表情の変化や周囲の変化から「戦争になった」「家族が離れ離れになった」などの意見が出てきた。その後，教員から，「あなたたちはこれから家を追われ，逃げなくてはいけません」「いまから何を持っていくか，相談してください」と指示を出した。各グループは30個のカードを見ながら話し合いを始めた。

　「まずは，着替えが必要だから洋服は絶対必要だよね」「お金がいちばん大事じゃないの？」「お弁当より缶詰のほう

写真6-1　難民ワークショップの風景

が長持ちするよね?」。

つぎに,教員から「荷物を5つにしてください」と指示を出すと,生徒たちからはどよめきが起きた。なかには,涙を浮かべて訴える生徒,納得してもらおうと説得する生徒,それぞれのグループのなかで必死に考える姿がみられた。

次の週の時間に事後学習として,ワークショップの振り返りを行った。実際にカードを選ぶときに,どんな気持ちだったのか,困ったことや悩んだことを話し合い,クラス全体で気持ちの共有を行った。

その後,難民問題についての新聞記事を読み,難民をめぐる問題として「何」がどのように課題になっているのかについて話し合った。

当初,「中学生が難民問題を話題にするのは,むずかしいのでは?」と躊躇する教員も多くみられたが,ロールプレイやビデオ教材を入れたこともあり,新聞記事やニュースを読んだり見たりすることに抵抗を示す生徒はみられなかった。

日本に暮らすロヒンギャ(ミャンマーからの難民)を取り上げた記事を熱心に読んで,「かれらに会ってお話を聞いてみたい」という生徒や,北アフリカから船でヨーロッパをめざす難民の数の多さに驚く生徒も多かった。本単元は,すべてのクラスが同じ時間に一斉に実施した。

その後の生徒の感想や教員の言葉から授業の様子を著者が振り返ると,教室によってワークの進め方や教員の立ち位置が多様であったことがわかった。あるクラスでは,ビデオ視聴の際に生徒の理解が「不十分なのでは?」と気づいた教員がビデオの内容について解説を入れて詳細を説明していたこと,またあるクラスでは,グループのなかで話し合いがなかなか進まず,教員が「○○が必要なんじゃない?」と具体的なアドバイスを加えていたことなど,それぞれのクラスでの差異があった。

生徒の感想では,「日本が平和な国でよかった。逃げることを考えないで暮らせてよかったと思った」「本当に逃げることになったら,自分はきっと何も選べないのかもしれない。近くにあるものだけしか手にとれないと思う」「ビデ

オに出てきた女の子は，実際に何をもって逃げたのだろう」というように，「自分」と難民の家族を照らし合わせ，「自分だったら…」と考える生徒もいれば，「日本に生まれてよかった」といった感想で終わってしまう生徒も多かった。

　事後学習の場面では，生徒の言葉で自分たちの活動を思い出しながらロールプレイを振り返るクラスもあれば，教員が前の週を思い出しながら，ロールプレイの解説を入れているクラスもあった。また，教員のなかから「授業の最後に，どうまとめたらよいのかわからなかった」という声が聞こえてきた。授業を実践した時間は，それぞれの教員が，それぞれのクラスの様子や現状をみて進めたことであるから，何がよくて何がダメだというワークの進め方に答えがあるわけではない。しかし，研究1年目，1学期の実践を通して，進め方や声のかけ方次第で，生徒の気づきや感想が大きく変わることを筆者らは実感した。

　すべての教員が「ファシリテーター」として授業をつくっていくこと，進めていくことのむずかしさを感じた（第4章参照）。GC科の授業のなかで，どれだけ教員側が生徒の言葉を引き出せたり，待つことができるのか。そして，生徒の想いや気づきで場面，場面をつないでいくことができるのか。これまで各教科のなかで繰り広げられてであろう「教え込む」ことから抜け出すことが必要なのではないかと気づいた。こうして教員の「役割」について考え直し，問い直す必要性を実感したのである。

　③「行事」をつくり変える（校外学習の取り組み）

　GC科を実施するなかで，これまでに曖昧であった「行事」「総合的な学習の時間」「学級活動」との兼ね合いについて吟味した。「行事」のなかでも「校外学習」をGC科のなかに取り入れ，探究的な学びとなるカリキュラムを作成した。

　上尾東中では，学校行事として毎年2年生の3学期に「校外学習」を実施していた。東京方面を行き先として，上野の博物館，動物園を訪れたり，浅草寺やスカイツリーなどを班ごとに「散策」する計画を立てていた。3年生で実施する修学旅行時の班別行動の事前学習としての一面もあり，校外学習を通して

班別行動に向けて計画を立て，班で協力しあうことを目的としていた。

　実践研究1年目からこの「校外学習」をGC科のなかに取り入れ，今までの「散策」ではなく，テーマを決めて，関係機関の訪問することへと大きく内容を変えた。2学期に入ると2年生はテーマ別学習を実施し，「国際協力」や「環境問題」などのテーマ別にクラスを編成し，それぞれ担当の教員をつけてグループ学習に取り組んだ。訪問先もできるだけ生徒たちが自分たちのテーマにそって見つけられるよう担当教員が支援した。最初から訪問先のリストをわたすことはせず，グループのなかでテーマにそって訪問先について検索したり，図書資料を用いたりして，それぞれが行きたい場所を見つけた。

　実践研究1年目の取り組みであったこともあり，本実践で校外学習を進めるにあたっては教員側に大きな戸惑いがあった。そのなかでも「グループテーマの設定」と「訪問先の決定」の際には，教員側も生徒も手探りの状態が続き，それぞれの決定までに時間を要した。教員からは，「生徒が何を知りたいのかみえてこない」「生徒にどう問いかけていいのか，悩んでいる」など数多くの戸惑いの声が聞こえてきていた。

　何週間経ってもグループテーマが定まらず，抽象的なテーマのままで進めようとする生徒がいる一方で，教員側も，どこまでが「大きなテーマ」で，どうしたら「より具体的なテーマ」になるのかを悩む様子があった。たとえば，国際協力をテーマとするクラスでは，「国際協力の何が知りたいのか」「国際協力の何が課題なのか」という問いが出てくるまでに時間を要し，「国際協力」の意味を延々と調べたり，「どんな援助を行っているか」という「援助（寄付，物資の支援，ボランティア支援）」ありきの視点で進めてしまったことで，「何が問題になっているのか」という観点にたどり着かなかったグループもみられた。

　資料収集をする際には，学術論文や省庁の公式文書など，難解な文書を用いる生徒も多く，果たしてどこまで理解が進んだのだろうと疑問に思うこともあった。そこで，資料収集について評価指標となるチェックシートを作成し，生徒が集めた資料について生徒自ら自分の言葉で担当教員に説明ができるよう

第 6 章　上尾市立東中学校における実践（1）―グローバルシティズンシップ科の設立―

表 6-2　資料収集　チェックシート

グローバルシティズンシップ科　2 年生 2 学期

	A	B	C	コメント
資料の多様性	集めた資料の種類が偏りがない。5 つ以上の団体（専門機関，NGO，省庁など）から集めることができた	集めた資料の種類が偏りがない。3 つ以上の団体（専門機関，NGO，省庁など）から集めることができた	集めた資料の種類が偏りある。1 つの団体の資料しか見つけていない	
データの確かさ	全ての資料のデータ，資料の出所が確か（個人のブログ× グラフ，データが 10 年以上前のもの× ウィキペディア× 出所不明×）	集めた資料の半分がデータ，資料の出所が確か（個人のブログ× グラフ，データが 10 年以上前のもの× ウィキペディア× 出所不明×）	集めた資料の 3 分の 1 がデータ，資料の出所が確か（個人のブログ× グラフ，データが 10 年以上前のもの× ウィキペディア× 出所不明×）	
分かりやすさ	資料を読んで，自分たちが理解できるものを選択することができた。写真，イラストやグラフが含まれている。（資料を読んだ後に友達に説明ができる）	資料を読んだらすこしは理解が深められるものを選択した	資料を読んでも，自分の言葉で友達に説明をすることができない	

にした（表 6-2）。グループごとにクリアファイルを 1 冊わたし，カテゴリーに分けてファイリングをするよう指示した。生徒は，3 週間後にグループごとにクリアファイルに資料をまとめ，それぞれの資料がどのような内容を示す資料なのか，付箋にメモを書いて教員に説明できるよう準備を進めた。

　資料のチェックを行う日は，チェックシートを見ながら最後に資料を整え，時間になるとそれぞれのグループが一生懸命に，教員に説明する姿があった。こうして，より具体的な資料が集まると同時に，それらを読み込みまとめる力をつけた生徒たちは，これまでの「調べ学習」の域を着実に越えていった。つぎに，時間を要したのは訪問先の選択である。生徒からの希望にできるだけ添えられるように調整をしつつも，断られることも学習であることを理解したうえで訪問先の決定を進めた。

　校外学習を取り入れた本実践は，およそ半年に及ぶ取り組みであった。訪問の前の事前学習で，テーマについてしっかり調べ，学び，訪問先を決める。そして，訪問先で質問したいことを吟味し，自分たちの学習と訪問先での取り組

みとの関連について説明ができるように準備を行う。訪問活動を終えたあとには，グループごとに考えをまとめ，テーマについてプレゼンテーションを実施する。研究期間の4年間のなかで学年によって変化はあったものの，この流れ自体は大きく変わることはなかった。

　本実践では，校外学習の意義自体を見直し，内容を大きく変え，事前・事後学習までの含めた実践をつくってきた。都内の名所をただ「散策」するだけの行事ではなく，「何のための訪問なのか」を明確にさせたことで，実際に現場を訪れ社会で活躍する人々と出会って直接話をするという価値を重視する行事をつくることができた。

(3)「グローバルシティズンシップ科」 2・3年目のカリキュラム

　研究2年目の2016年度からは，すべての総合的な学習の時間をGC科に充て，1年生50時間，2・3年生では70時間実施となった。また学年ごとのカリキュラムを作成し，行事と関連づける工夫をした。3年生では「まちづくり」を題材としたカリキュラムを作成し，修学旅行も含めた実践を試み，地域との連携体制をつくりながら実践を進めた。

　2年目のカリキュラムからはSDGsを柱とした学習を取り入れた。とくに2年生の校外学習を入れた単元である「持続可能な社会の実現」では，めざすところがSDGsと合致していたこともあったことや，社会のなかでSDGsの達成に取り組むNGOや企業が増えてきたこともあったことから，課題を設定する際に「2030年の社会」をどう描くのかについて問うた。それぞれのクラスがSDGsに示されている内容を読み，現在の社会を見渡し，「このままでは達成しない」と思うことから課題設定につなげて考えることができた（表6-3）。

　3年目の2017年度のカリキュラムは，2

写真6-2　テーマ決めの様子

第6章　上尾市立東中学校における実践（1）―グローバルシティズンシップ科の設立―

表6-3　2016年度「グローバルシティズンシップ科」カリキュラム

月	学習単元・具体的な活動例		
	1年生	2年生	3年生
4月	○オリエンテーション	○オリエンテーション	○オリエンテーション
	○世界一大きな授業	○世界一大きな授業	○世界一大きな授業
	○生徒総会に向けて	○学習発表会 ・新1年生へ向けて	○修学旅行に向けて ・京都でインタビュー ・おかみさんから学ぶ
5月	○ワークショップ体験 　世界がもし100人の村だっ 　たら 　難民問題・環境問題 　国際協力	○職場体験学習に向けて	○生徒総会に向けて
		○生徒総会に向けて	
6月		○職場体験学習に向けて ・職のつながり	○修学旅行 ・上尾市との比較 　（実地調査）
7月	○講演会・体験活動	○職場体験振り返り	
9月	○メディアリテラシー ・新聞の読み方 ・記事読み比べ	○持続可能な社会づくり ・課題設定 ・SDGs	○上尾をプロデュース！ ・関係機関訪問 ・関係機関を招いてセッ 　ション
10月		○施設訪問に向けて （クラステーマ別学習） ・関係機関へ訪問 ・インタビュー実施	
11月	○講演会		
12月	○新聞記事作成 ・課題設定 ・調べ学習 ・記事作成		
1月		○施設訪問	○提案書作成・送付
2月		○振り返り ・レポート提出 ・プレゼンテーション	
3月	○学習発表会		

年目に作成したカリキュラムを改善・改良する形で流れを作成した。このとき
には，多くの教員がGC科の流れや見通しをもち，それぞれが教材の工夫や，
教科の特性を生かした内容で授業を進めようとしていた（表6-4）。

　1年生からSDGsをカリキュラムのなかに取り入れた単元をつくり，3年間
を通して「SDGs達成に向けた学習」をめざした。1年生のカリキュラムでは，
中学校入学と同時に始まる「グローバルシティズンシップ科」に慣れていくた
め，ワークショップ体験で世界の状況を知ることから始まり，世界の不均衡や
地球規模の課題について「なぜ」「どうして」といった疑問が出せるよう学習
形態を工夫している。こうした疑問に応える形でSDGsを紹介し，まずは，生
徒たちが自分たちで17の目標を考え，SDGsを「自分事」として捉えられる
ように進めている。

3 「グローバルシティズンシップ科」研究推進に向けた取り組み

表6-4　2017年度「グローバルシティズンシップ科」カリキュラム

月	学習単元・具体的な活動例		
	1年生	2年生	3年生
4月	○オリエンテーション ○世界一大きな授業	○オリエンテーション ○世界一大きな授業	○オリエンテーション ○世界一大きな授業
5月	○生徒総会に向けて	○生徒総会に向けて	○生徒総会に向けて
6月	○ワークショップ体験 ・体験	○身近な職業について ・職場体験学習に向けて ・職場体験	○修学旅行に向けて ・まちづくりロールプレイ ・修学旅行
7月	・振り返り	・まとめ	・アクションリサーチ（京都） ・修学旅行振り返り
8月	〈夏休み宿題〉 ○私の宝物について	〈夏休み宿題〉 ○ JICA エッセイコンテスト ○「持続可能な社会づくり」 に関する資料収集	〈夏休み宿題〉 ○ JICA エッセイコンテスト
9月	○身近なものと社会課題 ・課題設定	○持続可能な社会の実現 ・クラステーマ決定 ・SDGs について	○上尾をプロデュース！ ・市政講座 ・課題設定
10月			
11月	・課題別グループ作成 ・課題レポート作成	・グループ別学習 ・課題設定 ・資料収集	・関係機関訪問 ・アンケート実施 ・資料収集
12月	○SDGs アピール大作戦 ・SDGs について ・社会課題と SDGs	・質問，提案作成 ・訪問先でのインタビュー ・資料収集 ・ワークショップ体験	・政策評価 ・提案書作成 ・プレゼンテーション準備
1月		・施設訪問 ・学習振り返り	・学習発表会
2月	・プレゼンテーション作成	・クラス討議 ・レポート作成	○まちづくりと SDGs ・3 年間の学習振り返り
3月	・学習発表会	・プレゼンテーション準備 ・学習発表会	

　2年生，3年生のカリキュラムは，前年度と大きく変えることはしなかった。しかし，学年の生徒や教員の興味や関心事に基づいて具体的な単元計画を作成するため，2年生の学習テーマが異なったり，校外学習の訪問先は毎年大きくちがっていた。3年生のまちづくり学習においても，さまざまな着眼点が生まれるため，課題とするところは毎年異なっており，前年度の学習を参考にしながらも年によって変動があった。

　このように毎年，多少の改良を加えながら GC 科のカリキュラムがつくられ

113

第 6 章　上尾市立東中学校における実践 (1) ―グローバルシティズンシップ科の設立―

ていった。年を追うごとに，学年を超えた情報交換ができるようになり，前年に実施した内容について該当学年の教員同士で情報を共有する場面があった。それぞれの教員が「よりよい実践」をめざした工夫を凝らし，学校全体で研究を推進する体制が整っていった。

　生徒たちのなかでも，3 年目を迎えるころには，GC 科の取り組みが定着をみせるようになった。各教科の学習でも話し合い活動が積極的に進められたり，社会問題に対してアンテナを高くもち，課題意識をもつ生徒が多くみられるようになった。

［松倉　紗野香］

注
1)「研究開発学校制度」とは，教育実践のなかから提起される諸課題や，学校教育に対する多様な要請に対応した新しい教育課程（カリキュラム）や指導方法を開発するため，学習指導要領等の国の基準によらない教育課程の編成・実施を認める制度。文部科学省「研究開発学校制度」http://www.mext.go.jp/a_menu/shotou/kenkyu/（2019 年 9 月 1 日最終閲覧）。
2）たとえば，1998 年に告示された中学校学習指導要領（社会科）では「持続可能な社会」という文言は 0 箇所であったが，2008 年に告示された中学校学習指導要領（社会科）をみると 2 箇所の記述があった。
3）2008 年に告示された中学校学習指導要領・総合的な学習の時間編では，学習課題の例として 31 ページに「国際理解，情報，環境，福祉・健康」が示されており，「そのいずれもが，持続可能な社会の実現に関わる課題であり，現代社会に生きるすべての人がこれらの課題を自分のこととして考え，よりよい解決に向けて行動することが望まれている」としている。
4）国立教育政策研究所 ESD リーフレット「ESD の学習指導過程を構想し展開するために必要な枠組み」https://www.nier.go.jp/kaihatsu/pdf/esd_leaflet.pdf（2019 年 9 月 1 日最終閲覧）。ESD の視点に立って学習指導を進めるための手引書として発行され，ESD の研修の際に配布されたり，HP で閲覧ができるようになっている。
5）「ユネスコスクール」とは世界で 1 万校以上が加盟するネットワーク。ユネスコの理念を共有し，それらの理念を実現する学校として 1953 年に発足した。日本では，2018 年 10 月現在 1116 校が加盟している。http://www.unesco-school.mext.go.jp（2019 年 9 月 1 日最終閲覧）。
6）「あいち・なごや宣言」（文部科学省仮訳）http://www.esd-jpnatcom.mext.go.jp/confer-

ence/result/pdf/Aichi-Nagoya_Declaration_ja.pdf（2019 年 9 月 1 日最終閲覧）。2014 年 11 月に開催されたユネスコ世界会議において環境保全や貧困など地球規模課題の解決にむけた取り組む人材を育成するため各国の政府，企業，市民団体への連携を促す本宣言が採択された。

7）「持続可能な開発のための教育（ESD）に関するグローバルアクションプログラム（GAP）」http://www.mext.go.jp/unesco/004/1345280.htm（文部科学省・環境省仮訳）（2019 年 9 月 1 日最終閲覧）。あらゆる分野における ESD 活動の創成・活動を通じた持続可能な開発のための教育の強化，再構築を目的として作成された。優先行動分野の 1 つに「教育者（ESD を実践する教育者）の育成」が掲げられた。

8）総務省・文部科学省『私たちが切り拓く日本の未来』http://www.soumu.go.jp/main_content/000492205.pdf（2019 年 9 月 1 日最終閲覧）。

9）在留外国人数は法務省のホームページより http://www.moj.go.jp/nyuukokukanri/kouhou/nyuukokukanri04_00081.html（2019 年 9 月 1 日最終閲覧）。2018 年末の在留外国人は 273 万 1093 人となり過去最高を記録，埼玉県の在留外国人は 18 万 762 人，前年から 8.1％の増加。

10）開発教育研究会編（2000）『新しい開発教育の進め方Ⅱ 難民』古今書院を参考にした。

11）"Most Shocking Second a day Video" https://www.youtube.com/watch?v=R-BQ-IoHfimQ（2019 年 9 月 1 日最終閲覧）。国際 NGO である Save the Children が作成した動画。幼い少女に何が起きているのかといった世界の現状を示す動画として世界中で視聴された。

参考文献

埼玉県上尾市立東中学校（2019）『平成 30 年度研究開発学校　最終報告書』

文部科学省（2017）『中学校学習指導要領解説　総則編』

文部科学省（2017）『中学校学習指導要領解説　総合的な学習の時間編』

北村友人・佐藤真久・佐藤学編（2019）『SDGs 時代の教育』学文社，p26-50

田中治彦編（2018）『18 歳成人社会ハンドブック』明石書店，p.10-14・42-55

奈須正裕（2017）『資質・能力と学びのメカニズム』東洋館出版社

奈須正裕編（2014）『知識基盤社会を生き抜く子どもを育てる』ぎょうせい

山西優二編（2008）『地域から描くこれからの開発教育』新評論，pp.4-32・218-243

開発教育協会編（2003）『参加型学習で世界を感じる 開発教育実践ハンドブック』開発教育協会

第7章
上尾市立東中学校における実践（2）
― SDGsを達成するために必要な学び ―

　本章では，最終年度の実践について報告し，生徒に対する評価と本カリキュラム全体についての考察を行う。そして，研究開発学校として取り組んだなかでみえてきた教員や生徒の変容について紹介する。

1 最終年度のカリキュラム

　研究最終年度となった2018年度は，3年目までに作成したカリキュラムをもとにしつつも，学年の教員の想いやその年の生徒の様子をふまえ，学年主任の教員を中心として学年内でカリキュラムの検討会を行い，最終年度のカリキュラムの作成を進めた（表7-1）[1]。

　最終年度は，1年生の後期でSDGsを授業に取り入れるための工夫として，SDGsを自分の言葉で書き換えるワークを行ったり，新聞を用いたワークを取り入れたりして，SDGsを「自分事」として捉えられるようにした。その後，3学期の学習では，2年生の職場体験学習や校外学習との関連を見据え

写真7-1　SDGsゴールをわかりやすい言葉に書き換えてポスターを作成（1年生）

1 最終年度のカリキュラム

て，社会のなかで社会課題の解決に向けて活躍する企業やNGOの人を招いて講演会を実施した。

2年生，3年生のカリキュラムは大きく変えることはしなかったが，新たな試みとして3年生では，「SDGsフォトコンテスト」を実施した。修学旅行先の奈良・京都で見つけた「持続可能」や「持続不可能」

写真7-2　修学旅行の写真を用いてフォトレポートを作成（3年生）

表7-1　2018年度「グローバルシティズンシップ科」カリキュラム

月	学習単元・具体的な活動例		
	1年生	2年生	3年生
4月	○オリエンテーション ○世界一大きな授業 ○先輩から学ぶ	○オリエンテーション ○世界一大きな授業 ・1年生に向けた発表	○オリエンテーション ○世界一大きな授業
5月	○生徒総会に向けて	○生徒総会に向けて	○生徒総会に向けて ○修学旅行に向けて
6月	○ワークショップ体験 ・体験	○身近な職業について ・「働きかた」を考える ・職場体験	・上尾クイズ ・修学旅行 ・SDGsフォトコンテスト（奈良・京都）
7月	・振り返り	・まとめ	・修学旅行振り返り
8月	〈夏休み宿題〉 ○WFPエッセイ	〈夏休み宿題〉 ○JICAエッセイコンテスト 「持続可能な社会づくり」に関する資料収集	〈夏休み宿題〉 ○JICAエッセイコンテスト
9月 10月 11月 12月	○SDGsを知ろう・深めよう ・理想の100人村をつくろう ・オリジナルSDGs ・SDGsを自分の言葉で ・社会課題とSDGs ・新聞を用いたレポート作成	○持続可能な社会の実現 ・クラステーマ決定 ・SDGsについて ・グループ別学習 ・課題設定 ・資料収集 ・資料分析 ・訪問先での質問作成 ・施設訪問（インタビュー）	○上尾をプロデュース！ ・市政講座 ・課題設定 ・関係機関訪問 ・アンケート実施 ・資料収集 ・政策評価 ・提案書，企画書作成 ・プレゼンテーション準備
1月	・社会の中にあるSDGs ・講演会実施 　SDGs達成に向けた取組事例を聞く ・事例から考える社会課題と職業の関わり	・学習振り返り ・クラス討議 ・レポート作成	・学習発表会
2月		・プレゼンテーション準備	○まちづくりとSDGs ・3年間の学習振り返り
3月		・学習発表会	

117

第 7 章　上尾市立東中学校における実践（2）―SDGs を達成するために必要な学び―

だと気づいた風景を写真におさめ，帰ってきたあとにフォトレポートを作成する活動を取り入れた。

　ここにでき上がったカリキュラムは決して「完成形」ではなく，今後も毎年改良を重ね，その年ごとの取り組みが生まれてくることを期待している。

② グローバルシティズンシップ科の成績評価

　GC 科では，生徒の活動，変容について通知表に記述評価を行っていた。「評価」をめぐっては，何を，どのように評価したらよいのか，誰が評価者となるのか，また，その評価の指標となるものは何かといったように数多くの課題があり，教員からも疑問の声がたくさんあった。そこで，GC 科では，「何のための評価なのか」を共通理解し，通知表に記載するために評価をするのではないこと，また，1 つひとつの単元に時間をかけることから，評価も同じように単発で評価を行うのではなく，単元計画とあわせて評価計画を作成して「評価」を行った。

（1）グローバルシティズンシップ科における評価の目的

　GC 科の学習の多くは，グループワークを主とした課題別の学習であり，それぞれが設定した課題に対して探究活動を通して課題解決に向けた学習を進めている。学習活動のなかでは，ゲストによる講演会があったり，グループごとに関係機関を訪れてインタビューを行ったりもする。学習の最終段階では，グループごとにレポートの作成，提案書や企画書の作成を行い，それらを用いたプレゼンテーションを行って発信の機会を設けた。

　こうしたプロジェクト型，参加型の学習をどのように評価するかについては，多くの疑問の声があがっており，上尾東中においても試行錯誤を繰り返しながら教育評価を行ってきた（第 5 章参照）。GC 科では，「評価は，よりよい実践づくりの実現のために行うものである」という前提のもとで評価 [2] に取り組んだ。生徒が学習に対してどのように取り組みどういった成果物（レポート

やポスターなど）を作成したのかを評価することによって，担当教員が単元設計や指導の仕方について振り返る資料となるような評価活動をめざした。

たとえば，生徒のワークシートの記述を読むことで，授業のねらいや意図することが学び取れていたのかを確認することができる。また，生徒の発表（ポスター発表など）を聞くことで，学習のねらいや単元のなかで必要とされる事項がどの程度，理解できていたのかを把握することができる。このように，GC科における評価では，生徒の成果物や活動を見てそれらだけを「評価」するのではなく，成果物や活動を通して教員自らの発問の仕方，資料の出し方など，授業の進め方について振り返り，改善を行うことが評価の目的であるという共通理解を図った。

(2) グローバルシティズンシップ科における評価の概要

GC科の評価は「記述」で行い，以下の内容を学期ごとに通知表に記載することとした。

・レポート，ポスター，企画書，提案書などのパフォーマンス課題による評価
・学習過程や成果の記録，計画的に集積した資料などから行うポートフォリオによる評価
・自己評価カード，学習記録などによる生徒の自己評価，相互評価
・発表や話し合いの様子，グループ活動の状況等の観察による評価

主な評価者は，それぞれの学習を担当する教員である。単元のなかで，グループ評価だけ，個人評価だけとならないよう評価対象を考えた活動を行った。これらの評価を行うために，必要に応じて単元や学習過程においてルーブリック表[3]を作成し，ルーブリック表を活用をした評価を行った。

(3) ルーブリック表の作成

本項では，3年生で実施した「上尾のまちをプロデュース」と題したまちづくり学習の評価を例に取り上げる。自分たちが住む上尾市の現状について知り，よりよいまちづくりをめざして生徒がグループに分かれてテーマを設定

第 7 章　上尾市立東中学校における実践（2）—SDGs を達成するために必要な学び—

〈本単元のねらい〉
上尾が「持続可能なまち」となるために…
一人の市民として自分はまちづくりにどう関われるだろうか？

① 「持続可能なまちづくり」の視点から上尾の「まちづくり」について，多様な立場から
　の意見をもとに現状と課題を理解する。
② まちづくりに関わる方との交流や政策評価を通して，持続可能なまちをつくるための
　具体的な提案を協働して作成する。
③ 「持続可能なまちづくり」の視点で作成した提案を関係機関や地域に発信し，実際の「ま
　ちづくり」に反映されることを目指す。

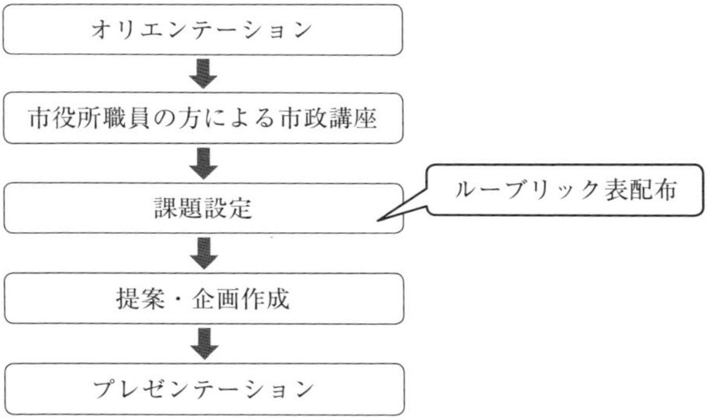

```
        ┌─────────────────────┐
        │  オリエンテーション  │
        └─────────────────────┘
                  ↓
        ┌─────────────────────────┐
        │ 市役所職員の方による市政講座 │
        └─────────────────────────┘
                  ↓
        ┌─────────────┐        ┌──────────────────┐
        │  課題設定   │────────│ ルーブリック表配布 │
        └─────────────┘        └──────────────────┘
                  ↓
        ┌─────────────────┐
        │  提案・企画作成  │
        └─────────────────┘
                  ↓
        ┌─────────────────────┐
        │ プレゼンテーション  │
        └─────────────────────┘
```

図 7-1　学習活動の流れ

し，それぞれのグループで関係機関（市役所，農協，消防など）へ提案書や企画
書を提出するという単元である。本単元の学習活動の流れは図 7-1 に示したと
おりである。

　学習活動の流れを作成すると同時に，単元の評価計画（表 7-2）を作成し，評
価資料を何にするか，どのような規準で評価するかを学年のなかで議論した。
本単元では，これまでに学習してきたなかで身につけた「力」を用いて自分の
住むまちについて深く考え，生徒一人ひとりが「市民」としてまちづくりに関
わることへの態度を育むこと，併せて「持続可能なまち」をつくるための方策
を考え，実行できるよう関係機関と協働して進めることを想定している。

120

② グローバルシティズンシップ科の成績評価

表7-2　評価計画

学習活動	資質・能力	評価規準【評価資料】
課題設定	課題発見・設定	・オリエンテーションや市政講座の内容を踏まえ，上尾の現状と課題を理解し，「持続可能なまちづくり」の視点から課題を設定している。 ・自らが設定した課題について，設定理由を述べることができ，上尾の現状と即した内容になっている。 【課題設定カードの記入】
調査 （政策評価）	資料収集	・政策評価を実施するにあたり必要な資料を収集することができる。 【収集した資料の内容確認】
	クリティカルな思考	・収集した資料を整理し，市の取り組みを他市町村と比較・検討し，グループで新たな提案について話し合うことができる。 ・ロジックツリーを作成し，課題を解決するための必要項目を考え，政策提案を作成することができる。 【ロジックツリー　ワークシート】
提案作成 発表	表現・発信	・設定した課題を解決するための提案を考え，上尾が「持続可能なまち」となるための提案書を作成することができる。 ・地域や保護者の方へ作成した提案書をわかりやすい言葉で説明をすることができる。
	社会参画	・提案作成・発表を通して，市民としてまちづくりに関わり，参画しようとする態度を持つことができる。 ・「持続可能なまちづくり」の視点から上尾市の課題を自分ごととして捉え，地域の活動に行動することができる。 【提案書】【発表内容】

　本項では，本単元の際に作成した「提案書・企画書」の評価に用いたルーブリック表について紹介をする。単元構成が決まると，学年の教員で時間を設けて，評価計画に基づきルーブリック表の作成を行う。ルーブリック表を作成する際には，まず，評価を実施する場面を設定する。本単元では，「提案書・企画書」を評価場面とした。その後，どのような作品であれば目標が達成されたと考えるのか，について評価指標を書き出す。たとえば，提案書であれば提案理由が明記されていることや，その提案の緊急性や実現可能性について書かれているのか，などがあげられる。

第7章　上尾市立東中学校における実践（2）―SDGsを達成するために必要な学び―

表7-3　提案書作成についてのルーブリック表

3年生　まちづくり

観　点	A	B	C
提案内容	提案内容が明確であり，上尾市が持続可能なまちになれるために必要な政策だと考えられる。上尾市の課題を踏まえた政策である。	上尾市の課題を踏まえた提案になっていない。作成された提案が，今までにあるものと同じである。	提案の内容をイメージすることができない
提案理由	なぜ，この提案が上尾市に必要なのか理由が説明されている。提案を作るまでの過程（アンケート結果など）を踏まえた，根拠のあるものである。	提案理由の根拠が明確でない。思いつきで作られたものである。	提案理由が述べられていない
実現可能性	作成された提案が実現されるために必要なこと・もの（誰が，予算は，どのくらいの期間で，など）を踏まえ，実現可能性について考えている。提案を実現させるために働きかけるところがわかっている。	提案の実現可能性について必要なこと・ものが曖昧である。（実現するために必要なことが，1つは理解している）	提案の実現可能性が低い，考えられていない

　具体的な評価指標が出されたら，それらをグループ化し対応する見出しをつける。これが「観点」となる。つぎに，観点ごとにそれぞれの到達段階にあたる特徴を書き出し，最終的なルーブリックの表の形につくりかえる。このようにして作成したものが，表7-3に示したルーブリック表である。

（4）ルーブリック表の活用

　本単元の最終段階として，生徒は学習を積み上げてきた内容を提案書や企画書としてまとめ，関係機関（市役所の担当部署や農協，消防署，保育園など）に，自分たちで考えたまちをよりよくするための提案や企画案を送付する。

　このルーブリック表は，テーマ別にチームが分かれ，各グループで課題の設定がされたころに配布している。その後，調査活動の際には，担当する教員が毎時間，授業のはじめにルーブリック表の内容と照らし合わせて授業の流れを

示し，それぞれのグループで調査のポイントとなる部分について確認をした。また，生徒たちの活動をみながら，ルーブリック表に書かれている内容をさらに具体例を示して説明をしたり，教員自身が次の時間までに必要な資料を確認する際にもこのルーブリック表に基づいて進めることもあった。

　担当する教員は，生徒とルーブリック表に示された内容を共有し，それぞれのグループテーマに沿って授業づくりを進めることが求められた。生徒たちは，最終的な提案書の形や内容についてイメージをもったうえで，学習活動を進め，資料を探す際にもこのルーブリック表を確認しながら収集を行った。提案書作成を進める際には，予算や時間軸を気にかけたり，課題に関わる人たちはどういった立場なのかを多様な視点から提案作成を進める姿がみられた。グループによっては，「A」よりもすぐれた内容をめざし提案作成に臨み，提案理由の箇所をより詳しく付け加えたりするグループもあった。

　提案書・企画書が完成すると，担当教員はルーブック表に基づいて評価を行い，グループごとに簡単なフィードバックをつけて返却する。このフィードバックを参考に提案書に修正を加え，最終版として関係機関へ送付した。また，学習の最終場面では，関係機関の方々を学校に招いて，生徒たちが作成した提案書のプレゼンテーションを聞いてもらう機会を設けた。その際にも本ルーブリック表を提示し，担当者にも評価してもらう場面を設けた。

　本単元においては，評価資料として提案書のほかにもワークシートやプレゼンテーションについて評価を実施している。本ルーブリック表のみを用いて通

表7-4　記述の例

「子育て」に関する課題についてをテーマ別学習を進め「妊婦さんを対象とした政策の重点化」について調べ，病院の待ち時間の軽減に着目した。実際に妊婦さんからの声を取り上げ，利用者の声に基づいた「産婦人科医院の待ち時間がわかるアプリの開発」を提案することができた。
「福祉避難所」の設置ついて関係機関への質問紙調査から，「福祉避難所マップ」の周知活動を企画した。「誰一人取り残さない」という視点で活動に取り組み，全ての人が安全に避難できる場所の確保について多様な視点で企画を考えることができた。

第7章　上尾市立東中学校における実践（2）―SDGsを達成するために必要な学び―

知表への記述するのではなく，本単元の学習活動全体を通して担当教員が記述
評価を行った（表7-4）。

（5）ルーブリック表を用いた評価の成果と課題

　ルーブリック表を用いることで，生徒も教員も学習活動のねらいや具体的な
見通しをもって学習を進めることができた。生徒は，活動を進める際には手元
にルーブリック表をおいて，繰り返し確認をしながら，またルーブリック表に
書かれた内容を話し合いの中心となる話題として扱い，自分たちの調べている
内容や，まとめている内容と照らし合わせて作業を進めていた。

　教員は，ルーブリック表があることで，生徒の活動がどの位置で悩んでいる
のか，または何が足りていないのかについて判断がしやすくなり，少し先回り
をして生徒の学習をサポートすることができるようになった。また，GC科で
ルーブリック表を用いた評価を行ったことがきっかけとなり理科や英語科のな
かでもパフォーマンス課題に対してルーブリック表を用いて授業を進める光景
がみられた。

　いっぽうで，ルーブリック表の作成や活用にあたっては課題となる点もみら
れた。課題の1点目としては，ルーブリック表を作成する時間の確保である。
単元の最終場面の活動である提案書作成のルーブリックであったとしても，単
元の初期部分で本ルーブリックを示すことが求められる。そのためには，授業
の内容をふまえつつ，単元のねらいに基づき，生徒の実態や学習進度を鑑み，
評価指標について話し合い，形にしていく時間が設けられなくてはいけない。
また，形となったルーブリック表は，GC科を担当する複数の教員で目を通し，
書かれている内容が適切であるかどうか議論をする必要がある。限られた時間
のなかで，担当教員が集まって議論を重ね，形にしていく時間を生み出すこと
は容易なことではない。そこで上尾東中では，月に1度の学年会議の時間のな
かで評価について話し合える時間を設け，ルーブリック表を用いた評価に関し
て共有ができるようにしていた。

2点目は，教員も生徒もルーブリック表に頼りきってしまうことがあること
である。評価の指標が示されているため，ここに記述されていることが1つの
「枠」として捉えられ，示された内容以上のものが出てこなくなってしまうこ
とがある。具体的な数値，文言を示せば示すほど「枠」は小さくなってしまい，
生徒の作品が似たような出来映えになる。

上尾東中では実現できなかったことではあるが，今後は，生徒と一緒に評価
の内容を話し合い，評価の指標を作成することを試みたいと考えている。

③ 実践研究を通してみえた教員と生徒の変容

4年間の研究期間を経て，教員や生徒がどのように変容をしたか，研究期間
のなかで実施した質問紙調査から得られた結果を示す。研究開発学校として数
多くの「エビデンス」を残すことが求められていたため，毎年，質問紙調査を
行って数値化したものを残せるよう心がけた。

（1）生徒の変容

本実践研究の目的の1つである「社会参画意識の向上」については，2009
年に日本青少年研究所が実施した「中学高校生の生活と意識」[4]を参考に質問
項目を作成し，毎年，同じ時期に調査を実施していた。

表7-5に示したように本調査の結果によれば，同校の生徒の社会参画意識は
日本全体の数値より高く，研究最終年度では，7割近い生徒が「自分の参加に
より社会を変えることができる」という問いに「そう思う」「とてもそう思う」
と回答している。また，「現状を変えようとするよりも，そのまま受け入れる
ほうが良いと思う」という問いには，6割以上の生徒が「あまりそう思わない」
「全くそう思わない」と回答している。

つまり，上尾東中の生徒たちは「まちがっていること」に対して，そのまま
受け入れるのではなく，自分の意見や考えをもって，現状を変えることを求め
ていることがわかった。

第 7 章　上尾市立東中学校における実践（2）—SDGs を達成するために必要な学び—

表 7-5　各国の生徒の社会参画意識との比較

○自分の参加により社会を少しでも変えることができる　　　　　　　　　　　　　　（％）

	韓国	中国	アメリカ	日本	上尾市立東中学校			
					(2018)	(2017)	(2016)	(2015)
とてもそう思う	11.7	17.4	14.9	10.2	24.5	21.8	20.9	13.7
そう思う	54.8	40.9	39.3	27.1	44.3	45.0	43.3	48.0
あまりそう思わない	26.9	29.4	19.5	40.9	24.2	28.0	27.9	27.2
全くそう思わない	5.1	9.9	9.5	18.6	5.7	5.1	8.1	7.3

○現状を変えようとするよりも，そのまま受け入れるほうが良いと思う　　　　　　　（％）

	韓国	中国	アメリカ	日本	上尾市立東中学校			
					(2018)	(2017)	(2016)	(2015)
とてもそう思う	10.6	14.0	25.4	18.6	9.6	7.6	10.3	6.5
そう思う	38.9	25.6	32.4	42.0	22.8	26.8	35.4	35.0
あまりそう思わない	39.5	33.9	17.1	29.2	50.5	51.3	43.6	45.9
全くそう思わない	10.8	25.1	10.6	8.7	15.8	14.1	10.6	8.0

　卒業時には 3 年間の学びを振り返るための質問紙調査を実施しており，その
なかで，GC 科で実施した多くの学習内容のなかで，どのような学習内容が印
象に残っているのか，また GC 科の学びからどのような力を習得したのかにつ
いて調査を実施した。

　GC 科を 3 年間学習した 2018 年度に卒業した生徒たちの質問紙調査では，「印
象に残った学習」として，3 年間の学習内容（23 項目）から 3 項目を選択し，
その理由を記述する調査を行った。その結果，2 年生で実施した校外学習での
事業所訪問を選択する生徒がおよそ 5 割であった。また，1 年生で実施した「世
界がもし 100 人の村だったら」のワークショップを選択する生徒がおよそ 4 割
であった。GC 科の学びから得られた力としては，GC 科で設定した資質・能
力をもとした選択肢を提示し，当てはまるものをすべて選ぶ項目において「課
題を発見する力」「他者との協働する力」「批判的思考力」を選択する生徒がお
よそ 6 割であった。

　GC 科の実践は，参加型学習の形態を用いた「体験」を伴う実践であること

が特徴である。そして，その「体験」は，実社会とのつながりをもった体験活動であり，生徒も体験を通してこれらの課題が実際の社会のなかで議論となっている課題であることを実感している。また，「体験」だけで終わる活動ではなく，事前事後学習までを1つの単元として扱い，生徒たちは数カ月続く継続した「学び」を経験している。そして，その多くの活動は，課題を生徒自らが設定し，自分たちが決めた内容で学習を進めている。こうした現実社会の課題をもとにした体験活動を経験したことによって，生徒の社会参画意識の向上がみられたことがうかがえる。

(2) 教員の変容

　2019年3月に行った校内で実施した調査で「グローバルシティズンシップ科を通して自身の変容」を聞いたところ，8割の教員が「変容があった」と回答している。変容したところとして以下のような意見があった。「変容があった」と答えた教員は次のような内容を記述していた。

・生徒と対話をしながら授業を進めるようになった。
・社会の出来事について「自分には関係ない」と思わなくなった。
・「問い」の立て方に着目するようになった。
・ニュースや新聞記事の中からSDGsに関連したものを読んだり，調べたりするようになった。

　職員室のなかでは，日本のみならず，海外での取り組みに目を向ける教員や，新聞を数社読み比べ，資料を提示できるよう教材研究を工夫している教員が増えた。また，授業のなかでは，生徒のなかにある「多様性」に着目し，1人でも多くの生徒の意見を引き出し，つなげようとしている様子が多くみられるようになった。生徒同様に，日頃からGC科で扱っている項目について新聞記事を集めたり，ニュースなどを通じて情報収集を心がけたりする教師が増えた。学年や教科の枠を超えて情報交換をし，教師同士が情報を共有しあい，授業に向かう姿勢がみられるようになった。

　こうした教員の変容が学校全体の「変容」へとつながり，教職員のなかに上

第 7 章　上尾市立東中学校における実践（2）—SDGs を達成するために必要な学び—

尾東中ならではの「空気感」を生み出すことにつながった。その 1 つは，上尾東中で展開されている「社会と学校をつなげる体制」である。研究内容が社会課題を扱うことから，数多くの関係機関との連携をつくってきた。同時に，上尾東中の取り組みが新聞などで取り上げられるようになると，全国からの視察の問い合わせが増えてきた。最初は，視察の受け入れに対して消極的な姿勢がみられたが，次第に「いつでも」「どの授業でも」視察を受け入れ，積極的に授業を公開するようになった。毎週，GC 科の授業の際には学校外からの来客が増え，教員だけでなく多様な来校者があった。こうした様子を同校の教員は，好意的に受け入れることで，学校と社会の連携体制を築き，豊かな実践につなげていくことができていた。

　何事も教科ごと，学年ごとといった「集団」で進めてしまうことが多い中学校の体制ではあるが，本実践研究をとおして，「学校全体」で考え，悩み，進めていくことや意見の相違から生まれた数多くの議論の場があったことが「豊かな実践」をつくることにつながったのだと考える（第 4 章，67 頁参照）。

４ SDGs を学校へ

　SDGs を使って授業をつくりたい，学校の教育活動のなかに取り入れたいという言葉をよく聞くようになった。総合的な学習の時間をはじめ，学校の授業のなかで取り組んでいる実践も数多く紹介されはじめている。そのなかで，上尾東中の実践の特徴としてあげられるのは，「SDGs」について「知る」「調べる」ことを目的とした学習を超え，2030 年の社会を描き，目標の達成に向けた学びをつくったことである。上尾東中の事例から SDGs を学校のなかに取り入れた際の実践を紹介しよう。

（1）上尾市立東中学校における「SDGs」の取り入れ方

　研究指定期間を終えて，実践を振り返ると上尾東中では，SDGs を授業に取り入れる際に，「SDGs ありき」で採用したわけではなかった。グローバルシ

ティズンシップ科の内容を進めるなかで，自然と SDGs の項目が結びつくように学習をつくってきたことに気づく。

　たとえば，1 年生の学習では，最初から「SDGs」という言葉を用いて説明することはせず，まずは，世界の現状についてワークショップ体験を通した「体感」することから始めている。そのなかで生徒たちは数多くの「なぜ」や「どうして」という疑問に出会う。

　2 学期の学習が始まるころに，「課題の解決に向けた世界の取り組み」として，SDGs を紹介する時間を設ける。この際にも最初から 17 の目標を示すのではなく，生徒たちに「もし，みんなが世界にある課題を解決するために目標を設定するとしたら，どんな目標をつくりますか？」と問うことから始めた。生徒たちはそれまでのワークショップ体験で学習した内容を振り返り，課題の解決に向けた具体的な目標を描いた。生徒が考えた目標には以下のような記述があった。

・戦争のない社会をつくること
・誰もが文字を読むことができて，学びたいと思ったときに学べる環境があること
・安全できれいな水を使うことができること
・住んでいる場所がゴミであふれる心配がなくなること
・飢餓がなくなること

　こうした目標の多くは，SDGs でもふれられている内容であったことから「世界の人たちの意見を取り入れて，国連で話し合ってつくった目標」として SDGs を紹介すると，生徒たちは自分たちの考えと国連で決まった考えが似ていることを誇らしく思い，自分たちの学習から学び得たことに自信をもつ様子がうかがえた。

　ここで 17 の目標について詳しく解説をするのではなく，SDGs が掲げている「誰一人取り残さない」という強いメッセージについて紹介をする。そして，「誰一人取り残さない」という言葉は，一人ひとりの生徒にとって，または教員にとってどのような意味をもつのかを全員で考える時間をつくる。このこと

が，SDGsを理解し，自分事にするために必要な時間であった。

その後，SDGsの外務省仮訳を中学生が用いる言葉に書き換える活動を行い，新聞記事を用いてSDGsと関連づけ，何が課題になっているのかを明確にし，その解決に向けた取り組みを考える活動へと進めた。

(2) 教科の学習におけるSDGsの視点を用いた学びづくり

SDGsを柱とした学習は，GC科を中心に取り組んできたが，実践研究を進めるなかで，それぞれの教科の学習にも取り入れようとする動きが出てきた。教科のなかにSDGsを取り入れる取り組みは，教科の学習内容とSDGsで示されている目標を関連づけることから始まった。その後，教員研修のなかで，各教科の年間指導計画をもち寄り，SDGsと学習内容を関連づけ，教科等横断学習が進められるよう教科の枠を超えた話し合いの場を設けた。

すると理科と保健体育の資料集をみると「大気」について扱う単元のなかで，同じ写真が使用されていることや，社会科と家庭科のなかで「市民教育」につながる単元があること，英語科で扱う本文内容のなかには，理科や社会科で学習する内容と重なる部分が多くみられることなどを教員同士が実感することができた。そのなかでSDGsの17の目標とそれぞれの教科の学習内容を関連づけ，どの目標がどの学習内容と関連しているのかについて教科を超えて共有しあった。

写真7-3　教員同士が教科の枠を超えてSDGsの目標と学習内容を関連づける

4 SDGs を学校へ

　そこで,「それぞれの教科は, SDGs の達成にどのように貢献できるのか」という問いについて教科ごとに議論の場をつくった。ここでは,「教科ならではの学び」に着目し, それぞれの教科の本質について改めて考え, SDGs の達成に向けて, それぞれの教科として取り組むことを明らかにできるようにした。

　2020 年度からの学習指導要領では, 各教科・領域をつなぐカリキュラム・マネジメントが強調されている。上尾東中はこの 4 年間を通して, カリキュラム・マネジメントの必要性について認識を高めてきたということができる。

(3)「SDGs について学ぶ」から「SDGs 達成に向けて学ぶ」へ

　上尾東中の実践は,「SDGs について学ぶ」にとどまらず「SDGs 達成に向けて学ぶ」実践となってきている。上尾東中では, 授業以外の場面でも SDGs の達成に向けた取り組みが続いている。

　たとえば, 生徒会活動の一環として, 自分たちの身の回りにある身近な課題を SDGs と関連づけたポスターを作成し (図 7-2) 5), 少しの気遣いや行動によって SDGs の達成につながることを意識づけた内容を示した。こういったポスターを校内に貼り, 教員も生徒も日頃の生活から「変革」を意識できるような工夫を行った。このポスターは給食員会, 保健委員会といったそれぞれの委員会ごとに作成し, 毎年, 新しいポスターを作成している。そして, これらのポスターを昇降口や給食の配膳室, 印刷室など生徒や教員が日頃から自然に目に入る場所に掲示し, 一人ひとりの行動と SDGs の達成を紐づける機会となっている。

　GC 科に SDGs を取り入れるときから「SDGs を知る」ことにとどまらない学びを展開してきた上尾東中では,

図 7-2　生徒が作成したポスター

131

第 7 章　上尾市立東中学校における実践 (2) ―SDGs を達成するために必要な学び―

2030 年までに「SDGs を達成するために必要な学び」をつくってきた。それぞれの学習では，生徒たちに SDGs 達成に向けてどのように関わるのかという問いを出し，自分と社会との関わり方に焦点を当てた学びをつくってきたのである。またそれは，教員にとっても大きな「問い」であった。学習のなかでは，常に社会課題と自分自身の関係を見いだし，それぞれの課題を教員も生徒も「自分ごと」として捉えられるようにしてきた。

　SDGs は，国連決議の文書である「Transforming our world : the 2030 Agenda for Sustainable Development」[6]（我々の世界を変革する：持続可能な開発のための 2030 アジェンダ）のなかに示された内容であり，ここで大切なことは transformation（変容・変革）である。私たちは「これまでどおり」ではなく，持続可能な社会をつくるために「変容」することが求められている。私たち教員にとっては，これまでの教育をどのように変容させていくのかも問われているのである。

　4 年間という長期にわたる実践研究を経て，上尾東中では，研究期間を終えた現在も引き続き総合的な学習の時間のなかでこれまでの実践を中心としたシティズンシップ教育の実践が展開されている。教員がファシリテーターとなり，生徒主体の参加型学習の実践が継続しているのである。新たに異動してきた教員も加わって，より豊かな実践をつくり上げていくだろう。

　研究期間をとおして，上尾東中がみせた「変容」は，新学習指導要領の前文が述べるところの「持続可能な社会の創り手」の育成に向けたカリキュラムとして，今後の教育への示唆となることを期待する。また，本実践研究そのものが SDG4.7[7] に示された「グローバルシティズンシップ教育の推進」に貢献してきたのであれば，「SDGs 達成に向けた学び」をつくってきた上尾東中の大きな成果といえよう。

［松倉　紗野香］

注
1）埼玉県上尾市立東中学校 (2019)『平成 30 年度研究開発学校　最終報告書』より。
2）評価については，以下の文献を参考にした。西岡加名恵 (2016)『「資質・能力」を育てるパフォーマンス評価』明治図書出版，および梶田叡一 (2010)『教育評価』有斐閣。
3）ルーブリック評価とは，学習の達成度や到達度を記した表を用いて測定する評価方法。プレゼンテーションなどのパフォーマンス課題を評価する際に使われることが多い。ルーブリック表の作成にあたっては，ダネルスティーブンス他 (2014)『大学教員のためのルーブリック評価入門』玉川大学出版部を参考にした。また，インターネット上には英語サイトで iRubric をはじめループリック作成のためのホームページもある。https://www.rcampus.com/indexrubric.cfm（2019 年 8 月 20 日最終閲覧）。
4）（財）日本青少年研究所による「中学・高校生の生活と意識」(2009 年 2 月実施）から http://www1.odn.ne.jp/youth-study/reserch/2009/tanjyun.pdf（2019 年 8 月 20 日最終閲覧）。
5）ポスターの作成にあたっては，JANIC のサイトにあるポスターを参考に作成した。「SDGs 理解促進ツール」https://www.janic.org/world/sdgstool/（2019 年 8 月 20 日最終閲覧）。
6）2015 年 9 月 25 日に採択された国連決議文書（英文）https://www.un.org/ga/search/view_doc.asp?symbol=A/RES/70/1&Lang=E（2019 年 8 月 20 日最終閲覧）。
7）SDGs4.7「2030 年までに，持続可能な開発のための教育及び持続可能なライフスタイル，人権，男女の平等，平和及び非暴力的文化の推進，グローバル・シチズンシップ，文化多様性と文化の持続可能な開発への貢献の理解の教育を通して，全ての学習者が，持続可能な開発を促進するために必要な知識及び技能を習得できるようにする.」(外務省仮訳) https://www.mofa.go.jp/mofaj/files/000101402.pdf（2019 年 8 月 20 日最終閲覧）。

参考文献
田中治彦・三宅隆史・湯本浩之編 (2016)『SDGs と開発教育』学文社
松倉紗野香「まちづくり教育の実践」田中治彦他編著 (2018)『SDGs とまちづくり』学文社，pp.229-246
北村友人・佐藤真久・佐藤学編著 (2019)『SDGs 時代の教育』学文社，pp.51-78
UNESCO（2015）*Global Citizenship Education : Topics and learning objectives.*
UNESCO（2017）*Education for Sustainable Development Goals : learning objectives.*

第 8 章
大妻中野中学校・高等学校の
スーパーグローバルハイスクール事業

　大妻中野中学校・高等学校[1] は，2015 年度の文部科学省スーパーグローバルハイスクール (以下，SGH) 事業に申請し，アソシエイト校[2] として認定された。大妻中野中高では SGH 構想を進めていくにあたり，「学芸を修めて人類のために― Arts for mankind ―」という建学の精神に基づき，「"Active Arts" ―国際共生都市・東京から，「行動し，繋ぐ」グローバルリーダーを創る―」ことを目標に掲げ，都市における多文化共生の課題と持続的発展を実現するための方法論の探究，そして，そのための言語習得を柱としてプログラムを築いてきた。また，各プログラムでは SDGs の 17 の目標を常に意識し，課題解決や持続可能な社会の実現に向け，生徒が自ら考え，行動するようになれる内容を構成している。本章では，その実践において ESD につながる取り組みについて紹介したい。

1 SGH アソシエイトプログラムにおける ESD の取り組み

(1) SGH アソシエイトプログラムの概要

　大妻中野中学校・高等学校 (以下，大妻中野中高) の SGH アソシエイトプログラムは，都市における持続的発展を実現するための課題探究と，課題探究の際に必要な言語コミュニケーション能力の開発の 2 つから成り立っている。課

題探究においては，高校 1 〜 3 年次に設置されている GLC（グローバルリーダーズクラス）における GIS（グローバルイシュースタディ）という授業内での具体的な学びと，中学 2 年生〜高校 2 年生までを対象に行っているタイ国チェンマイにおけるフィールドワーク，全生徒のなかから希望者を対象に開講している大妻中野フロンティアプロジェクトチーム（frontier project team）における諸活動がある。なお，本章では，タイ国チェンマイにおけるフィールドワークとGIS の取り組みについて紹介する。

　また，言語コミュニケーションについては，大妻中野中高では GLC において中学 1 年次から英語とフランス語が必修となっており，複数言語の習得に力を入れている。

(2) めざす生徒像（資質・能力について）

　大妻中野中高 SGH 構想では，めざすグローバルリーダー女性像を，「受容し，説得し，合意する力」と「共感し，繋ぎ，発信する力」の両面にすぐれた力をもつ人材であると定義している。

　そして大妻中野中高は，東京都中野区という都心に位置するという特徴から，都市での生活が都市域内で完結するのではなく，生徒は，地球規模での関係性のなかで共生・共存していることに本プログラムを通じて気づき，都市の持続的発展のために，多様な文化，民族，マイノリティと協働し，人をつなぎ，コミュニティを創造できる女性になることをめざしている。そして，そのために必要なスキルを磨くために GIS の学びや課題研究への取り組みを行っている。

(3) 課題研究の具体的内容

　大妻中野中高 SGH プログラムでは，都市における多文化共生の課題解決と持続的発展をめざして，課題研究として 2015 年度より毎年タイのチェンマイを訪れ，現地の高等学校や YMCA と交流を重ね，一緒に体験プログラムの作成を行っており，以下ではその事例について紹介したい。

第8章　大妻中野中学校・高等学校のスーパーグローバルハイスクール事業

2 チェンマイ・フィールドワークの実践事例

(1) フィールドワークの目的

　大妻中野中高では2015年度より，タイ国のチェンマイでのフィールドワークを毎年実施している。その目的は，現地高校生との協働作業を通じ，複数言語でのコミュニケーション能力を育成するとともに，都市における多文化共生と持続的発展に関わる日・タイ両国の課題について現地高校生と協働して考え，課題解決のための方策を提示していくことである。本フィールドワークでは，とくに「協働」することに力点をおいている。生徒は東南アジアを訪れると，日本と比較し，とかく「先進国から見る発展途上国の課題を解決してあげたい」というような視点に陥りやすい。東南アジアが日本を追いかけているという視点ではなく，ともに同じような課題をかかえていたり，これまで気づかなかったことに相手の視点から気づかされたりといった「気づき」を同じ目線でさまざまな協働作業を行うことによって同じ地球市民という感覚を生み，双方が「自分事」として身近な課題を捉えられるようになると考えた。

(2) フィールドワークの計画と実践内容

　本フィールドワークは，中学2年生～高校2年生を対象とし，毎年10名前後が参加希望し，実施している。フィールドワークの事前指導およびプログラムの検討は，大妻中野中高教員3名で毎年行っている。また，プログラムの詳細については，チェンマイYMCA[3]のスタッフと協働で作成している。

　本フィールドワークのプログラムは，大きく3つに分類される。1つ目は，チェンマイの課題について考えるきっかけを与えることである。少数民族，観光，農業，都市生活といったさまざまな側面からチェンマイの地域性とともに課題を捉

写真8-1　タイの生徒から伝統菓子の調理法を学ぶ

え，考えさせるため，チェンマイ市街やチェンマイ郊外の観光地および学校，NGO などの訪問を毎年行っている。

　2つ目は協働作業である。現地ではサンパトンウィタヤコムスクール（Sanpatong wittayakom school）[4] の生徒とともにこれまで，諸課題を表現する寸劇の製作や，SDGs の目標達成に向けた対応を取材するフィールドワークを行ってきた。また，3つ目としてこの一連の協働作業のなかで多言語コミュニケーションスキルの向上を図った。

　本プログラムでは実際に現地を訪れる前に，タイ語講座と事前学習を，参加者を対象に行っている。タイ語の事前学習に関しては，タイ語の基本的な発音と簡単な会話ができるように全9時間，東京外国語大学より講師をお招きし，行っている。また，事前学習に関しては，引率担当教員が分担し，行っている。内容は例年異なるが，①リスクマネジメント，②タイと日本の歴史的関係について，③タイと日本のちがいや共通点を考えるなどの講座を行っている。

表 8-1　チェンマイでの主な訪問先

訪問先	課題 -issue	学びの視点
Suksasongkro School	山岳民族，雇用，職業訓練 文化の持続性，観光のための開発	山岳民族に対する職業訓練の意義 見る側・見られる側の視点 排除と包摂
Baan Kad Witth ayakhom School	山岳民族，雇用・職業訓練 文化の持続性，戦争の爪痕	山岳民族に対する職業訓練の意義 見る側・見られる側の視点 排除と包摂
メーサエレファントキャンプ ドイステープ 市内観光	山岳民族，雇用，観光文化 観光のための開発 経済のグローバル化	見る側・見られる側の視点 人の移動，変化
Poo Poo Paper Park	持続可能な開発，環境保全 環境のための開発	観光開発の変化
Dor Dek Foundation	山岳民族，教育と雇用 都市化，貧困，家族	排除と包摂
Sanpatong Wittayakom School	持続可能な農業，持続可能な開発 まちづくり，経済のグローバル化	来る側・来られる側の視点 農村の変化 異文化理解・コミュニケーション

第 8 章　大妻中野中学校・高等学校のスーパーグローバルハイスクール事業

　なお，本フィールドワークで訪問している主な場所は，表 8-1 のとおりである。少数民族が学ぶスクサソンクロスクール（Suksasongkro School）[5] およびバンガートウィタヤコムスクール（Baan Kad Witthayakhom School）[6] では，少数民族に対する職業訓練の意義について考えるきっかけとした。少数民族が学びながら職業訓練することは，現金収入を得る機会が増加し，生活が豊かになる反面，地元の村に帰る若者が減少し，少数民族の伝統文化や生活スタイルの伝承が途絶えてしまうおそれもある。この二面について，どちらが正解なのかを問うのではなく，現地の生徒と行動をともにするなかでこれらのことに気づき，自問自答したり生徒同士での議論を通して自分の考えを見つけていくことに意味があると考えている。

　ドーデック財団（Dor Dek Foundation）[7] はストリートチルドレンへの支援を行っている組織である。ここでも単に「かわいそう」という感情的な視点でのみ捉えるのではなく，問題の本質や，生徒がどのように問題に関わっていけばよいのか自問できるように教師は促す必要がある。

　メーサエレファントキャンプやプープーペーパーパーク（Poo Poo Paper Park）[8] などの観光地は，単に観光名所というだけではなく，観光施設で働くスタッフの雇用や，「見る側・見られる側」の視点や開発の側面を感じてもらうために訪問した。ここでも，教師側からポイントをあらかじめ提示して「学ばせる」のではなく，生徒自らの見てきた「事実」から，全体で振り返りをさせることで，さまざまな見方や考え方を共有し，課題意識をもたせるようにした。

　これらとは別に，本プログラムでは毎年，現地演劇集団「ガッファイ（Gabfai）[9]」による演劇アクティビティを実施している。ガッファイによる演劇は，単に「演じる」だけではなく協働作業を重視し，

写真 8-2　日・タイの学生による学習成果のまとめ（2017 年）

タイや日本がかかえる社会問題を体現するために日本とタイの生徒同士が言語のみならずさまざまな表現方法を駆使してともに考え，コミュニケーション能力の向上にもつながるプログラムである。このプログラムを通し，生徒は自らの消極的側面や表現力の乏しさに気づき，本フィールドワークの全プログラムにおいて自己表現力を貪欲に学び，そして発揮していけるようになっていった。

サンパトンウィタヤコムスクールでは，毎年SDGsの目標からテーマを決め，学校の所在するサンパトンの集落におけるフィールドワークやアクティビティを協働で実施している。

(3) 参加者の学びと変容

本フィールドワークの参加者は，GLC に所属していたり，さまざまなボランティア経験があったりと，グローバルな課題やSDGs について意識の高い生徒が多いといえる。しかし，学年にも幅があり，意識にも差があるのが現状である。消極的な自分を変えたいといった自己変革を目的に参加する生徒も少なくない。入口はさまざまでも，本フィールドワークを通し，自己表現ができるようになり，持続的な社会の実現に向けて考え，提案ができるようになるのが一番の目的である。本フィールドワークは評定をつける科目ではないが，身についた力の振り返りという観点で，自己評価を行っている。自己評価方法は，藤原（2015）を参考にした。

本フィールドワークでは 2018 年度より，「身についた力を振り返る」「学びの振り返り」という 2 種類の自己評価シートを記入させている（表 8-2・表 8-3）。「身についた力を振り返る」シートでは，分析力，思考力，創造力，プレゼンテーション力，コミュニケーション力，リーダーシップ，思いやる力，変化対応力，自己管理力，自己実現力という 10 の視点を示し，A：十分に到達した，B：到達した，C：到達しなかった（できなかった）の 3 段階で自己評価させた。また，「学びの振り返り」のシートでは，フィールドワークのさまざまな場面での学びの内容について自己評価させた。

第 8 章　大妻中野中学校・高等学校のスーパーグローバルハイスクール事業

表 8-2　自己評価表—身についた力を振り返る

	評価	理　由
1.　分析力 ・情報を収集し，分析する力 ・自分と周囲の人々との関係性を理解し，状況に応じた行動をとる力		
2.　思考力 ・自ら考える力 ・論理的に考える力		
3.　創造力 ・既存の概念に束縛されない自由な発想力 ・既存のものを組み合わせて新たな価値を生み出す力		
4.　プレゼンテーション力 ・自分の意見をわかりやすく伝える発信力 ・説得力		
5.　コミュニケーション力 ・世代・国籍を越えた意思疎通や共感する力 ・言葉や文字を越えた意思疎通する力 ・相手を尊重して話しを聴く力 ・意見の違いや立場の違いを理解する力		
6.　リーダーシップ ・プレゼン準備などの計画力 ・目標を設定し確実に実行する力 ・チームで課題に取り組める力		
7.　思いやる力 ・違いを尊重する能力（個人レベル・社会・文化レベル） ・相手の気持ちになって行動する力		
8.　変化対応力 ・広い視野を持てたか ・自分を取り巻く環境変化への対応力 ・急な変化への対応力 ・過去にとらわれない自由な発想力		
9.　自己管理力 ・ルールや人との約束を守る規律性 ・ストレスコントロール ・倫理観		
10.　自己実現力 ・自己の適性を理解し伸ばす力 ・自分の能力を発揮しつつ，社会に貢献しようとする意欲		

(4) チェンマイフィールドワークの成果と課題

　本フィールドワークの実施および自己評価からわかったことは，タイや日本のかかえる課題，そしてグローバルな世界がかかえる課題について，自分事として捉える意識が高まったことが例年高評価になっており，成果としてあげられる。また，新しい課題に直面したときに，自ら解決しようと努力する姿勢が

2 チェンマイ・フィールドワークの実践事例

表 8-3　自己評価表─学びの振り返り

学びの内容	評価	コメント（理由やどんな場面でできたか）
1．フィールドワークで取り組む課題に関心を持ち，その課題解決のために自ら調べ，質問し，話し合うことができた。		
2．タイに来ていろいろ見たり活動する中で，「えっ，どうして？」など，事前に知っていた知識や考えていたことと違った場面に出会ったとき，自分の中でジレンマや葛藤を感じることができた。		
3．今回のフィールドワークを通じて，「ああ，そうだったのか，こういうふうに考えるのか」などの，新たな発見や変化に気づくことができた。		
4．タイで，今回のチェンマイチームの一員として絆を深めることができた。		
5．YMCA のスタッフや通訳さん，現地の先生や生徒と積極的に関わることができた。		
6．参加メンバーや現地スタッフのアドバイスを自分の課題や目標の追求に役立てることができた。		
7．タイで見つけた課題や取り組みの中で，タイ人にしかできないこと，タイ人と一緒にできることを分けて考えることができるようになった。		
8．タイで見つけた課題や取り組みの中で，自分が日本でできることを発見できた。		
9．タイで見つけた課題や取り組みの中で，日本との共通点を発見できた。		
10．これからも，今回の経験を生かすことができる。		

生まれてきたことも成果といえる。

　しかし，本フィールドワークには課題もある。1つは，評価である。本フィールドワークは授業科目ではないため，自己評価としているが，同様の評価を別のプログラムでも行うことで，生徒個人の変容を捉えることができる。今後はほかのプログラムでもフォーマットを共有し，評価を行っていきたい。

　また，フィールドワークは，生徒の内面的な成長や課題意識をもたせるためだけのものでは決してない。どのような目的のフィールドワークであれ，そこに暮らす人々の目線に立ち，悩みを共有し，課題を解決し，持続可能な社会をつくっていくことが，ESD の視点でもあり，本フィールドワークのめざすところでもある。子島・藤原（2017）は，「学ぶことは『奪う』ことであり，プレゼンテーションは『与える』ことである」と表現している。本フィールドワー

クは，現地の生徒とともに協働作業を行い，ともに悩み，ともに考えるという点に力点をおいて実施している。この点を十分に評価し，定量的に判断できる指標づくりが今後の課題である。

③ GLC（グローバルリーダーズクラス）における取り組み

（1）GLC の概要およびカリキュラム

　大妻中野中高では 2016 年度より GLC を設置している。中学生は，全教科においてグローバルなテーマやプレゼンテーション，ディスカッションやディベートなどを通常クラスより多く取り入れた授業を展開し，通常クラスのカリキュラムに加えてフランス語も必履修科目としている。高校生からは学校設置科目として GIS を，高校 1 年次に週 2 時間，2 年次に週 2 時間，3 年次に週 1 時間行う。ただし，学年ごとにコース選択が可能であるので，前年度とのつながりがなければできないプログラムにはしておらず，各年度でつけたい力を完結させることにしている。各年度で若干のちがいはあるが，GIS でつけたい力は，高校 1 年次は「地球的課題を『知る』，『学びの軸』をつくる，『発信のしかた』を学ぶ」，高校 2 年次は「自分の意見を形成し『議論する』，『発信』する，『アクション』を起こす」，高校 3 年次は「社会との関わりかたについての『ビジョン』を形成する，『最善解』を考える」としている。

　また，本クラスはグローバルリーダーを育てることを目標としているが，グローバルリーダーをどのように捉えているかについてふれておきたい。"global" をそのまま日本語にすると「地球規模の」という意味であるが，今まさに直面している地球規模の課題たちは，現代の日本に生まれ育った子どもたちにとって（当然大人たちにとっても同様かもしれないが）「他人事」にすぎない。これらの課題を「自分事」として捉え，SDGs を意識するためにはまず「知る」ことが肝要である。勉強をしたくても学校に通えない女の子たちがたくさんいること，日本にいる自分たちは日々の食べ物に困らず多くの食べ物を廃棄している一方で世界には飢餓や貧困で命を落とす人がたくさんいること，自分

３ GLC（グローバルリーダーズクラス）における取り組み

たちが便利さを追求するあまりに地球の環境が悲鳴をあげていること，宗教や領土問題だけでなくさまざまな理由での紛争が絶えない地域があること，住む場所を追われて難民となっている人たちが数多くいることなど，自分たちの「当たり前」が地球規模では到底当たり前なことではないということを認識し，今自分たちがおかれている立場からどのようなアクションやアプローチができるのかということを考えられる力が，グローバルリーダーに求められる素養である考えている。GLC は，自分のおかれた立場を俯瞰でき，協働して課題に積極的に取り組んでいける生徒を育てるためのカリキュラムである。

　いっぽうで，高等学校において看過できないのは大学受験のための準備である。大学受験をパスするために必要な「受験知」を獲得することが高校生の受験勉強であり，高校教員がその知識を「教授する」という形をこれまでの日本の学校教育ではとってきた。その学習方法をとる時点で，子どもたちの学びは大学受験がゴールとなり，地球規模の課題を考えることや SDGs について考えることは大学受験とは関係のない，「あとでやればよいこと」になる。

　このような受験事情を大きく変えることになるのが 2021 年度大学入試改革である。この改革は従来の知識偏重型入試から脱却し，学力の三要素（知識・技能，思考力・判断力・表現力，主体性・多様性・協働性）のうち，「いかに主体的に学びに取り組む姿勢があるか」ということを問われるようになる改革である。ペーパーテストでよい得点を出すか出さないかという勝負ではなく，高校生活のうちにどんな学びを積み重ねてきたかが問われるようになるものであり，その評価資料となるのは受験生が高校時代に書きためたポートフォリオである。この入試改革の概要について，カンザキメソッド代表神﨑史彦は，「受験知」から「探究知」への価値観の変化を素敵なものだと評価している。学んできたプロセスに焦点を当てることで，各自が自分の学びを客観視して振り返り，より高度な学びとなることが期待できるからである。従来の勉強は，ただ苦行のように知識を詰め込み，暗記し，アウトプットするというものであった。評価の対象は結果のみで，そこから得られるものは，忍耐力，記憶力，精神力

くらい，学びそのものは当該試験のあとには残りづらい。教えられた1つの「正解」を覚え，それを導き出す力をつけることが，学校の授業や受験勉強のゴールとなっている。そのような従来の勉強の一連の作業には何の意味があるか。そこに何か軸となるもの，モチベーションとなるものがあって初めて「勉強する」ことに意味が生まれる。もともと「勉強する」という言葉は「いやなことを無理矢理する」という意味をもつ。「勉強する」ことを「自ら学び続ける」ことにシフトするために，高校1年次のGISでは「学びの軸」をそれぞれにつくってもらうことを目標としている。ここで，大妻中野中高GISの高校1年次のプログラムを紹介する。

(2) GLC設定科目「グローバルイシュースタディ（GIS）」の概要

　生徒の学びのレンジ（範囲）を考えるとGISの学びは，大きく3つに分けることができる。①自分をよりよく成長させるための学び（自律），②他者との関わりや自分の所属するコミュニティをよりよくしていくための学び（協働），③地球や社会をよりよくしていくための学び（貢献）の3つである。自分たちの学びに「自律」「協働」「貢献」の要素を見いだし，そのなかでも「貢献」的要素を入れて学び続けることが「探究的学び」，すなわち「探究知」である。

　GISではまず「自分が何のために高校に来て何のために学び，どのような社会を実現したくてどのような貢献ができるのか」ということを考えてもらう。これがそれぞれの「学びの軸」である。学校で受ける各教科の授業は，「学びの軸」をつくることですべて自分にとって有用なものにシフトする。各教科の授業が，自分の学びたいことを学び続ける素材集めの場に変わるのである。GISは学びのモチベーションづくりの授業となり，自分は何のために高校で学ぶのか，自分の学びはどこにつながるのかという「学びの軸」をつくるための授業となる。新しい入試制度においてはこの「学びの軸」のように主体的に学ぶ姿勢をつくれていない受験生は出遅れてしまう。現時点で自分の学び続けたいことをピンポイントに絞るのはむずかしいかもしれないが，その際に大まか

な方向性を与えてくれるのがSDGsである。当然すべての高校生が「学びの軸」をつくって自らの学びを深めていくことが必要であるが，とくにGLCの生徒にはその「学びの軸」としてSDGsのどれかを設定してほしいと考えている。

（3）GLCにおけるSDGsを軸とした年間の授業について

2018年度の授業は毎週土曜日の3・4時間目に行い，2人の担当教諭で2クラスを1時間ずつ，「Global Issue Studies」と「プレゼンテーションスキルアップ講座」に分けて実施した。特別プログラムや外部講師を招く際には2クラス合同2時間続きで実施できるように2時間続きの時間割をお願いした。

国際バカロレア教育（IBプログラム）の理念では「多様な文化の理解と尊重の精神を通じて，よりよい，より平和な世界を築くことに貢献する，探究心，知識，思いやりに富んだ若者の育成」を掲げている。また，教育ジャーナリストの後藤健夫は「ノブレス・オブリージュ」という言葉を用い，文化のちがいをちがいとして認めて理解することは，高度な教育を受けた者にとって基礎的な教養であり，国際バカロレア教育を受ける恵まれた家庭環境にある生徒にこそそれに応じた社会的責任と義務が求められるとしている。

大妻中野中高もSGHアソシエイトとして認定され，グローバル教育を公言している学校である。少なくともGLCにおいてGISを受講した生徒たちには，大学進学のための学びではなく，自らの学びを他者に還元し，よりよい社会をつくり上げるマインドセットをもって社会に出ていってほしいと考えている。課題先進国といわれる日本の未来を生きる次世代にはどのような力が必要なのか。課題発見・解決能力や創造力，発信力，そして何より自分のことばかり考えるのではない「貢献」のマインドセットをもったリーダーを育てていきたい。そのようなリーダーは，教えられた1つの「正解」を忠実に実行するだけではなく，さまざまな立場や意見のもとにいくつかの「納得解」を模索し，そのなかで自分が一番よいと考える「最善解」に向かって探究しつづけることができる人物ではないだろうか。「学芸を修めて人類のために」という大妻中野中高

第8章　大妻中野中学校・高等学校のスーパーグローバルハイスクール事業

表 8-4　2018 年度 GIS の授業内容

	Global Issue Studies	Presentation Skill-up Seminar
4.14	卒業生を招いての質疑応答〔学びのモチベーションづくり〕	
4.21	こどもたちの寝るところ①	自分史プレゼン，なぜ大学に行く？
4.28	こどもたちの寝るところ②	Will-Can-Must シート
5.19	こどもたちの寝るところ③ （プレゼンテーション）	笑顔美人塾セミナー （笑顔美人塾北野美穂子氏，外部講師）
6.2	「貧困」ブレインストーミング	議論のしかたと合意形成 SDGs を使っての「学びの軸」づくり
6.9	相対的「貧困」と絶対的「貧困」	東大の奇問を解いてみよう
6.16	「貧困」を考えるワークショップ （まとめとマザーハウスに向けて）	トビタテ！留学 Japan 報告 （本校トビタテ留学生 2 名）
6.23	マザーハウス講演（外部講師）途上国から世界に通用するブランドを	
6.30	青年海外協力隊での活動報告（本校教員）	世界史風刺画を読み解く
9.1	L.A. からの Global Career Seminar（Mr. Shafik Tayara，Social Innovator from L.A.）	
9.8	SDGs グループに分かれて課題発見と解決へのアプローチ，その発表	
9.15	シンガポールからの Global Career Seminar（戸田真美子氏）	
9.29	開発教育ロールプレイ①	「自分の実現したい社会」を考えよう 〔「学びの軸」にもとづいて〕
10.6	開発教育ロールプレイ②	「自分の実現したい社会」を エレベーターピッチで発表しよう
10.13	開発教育ディスカッション①	現代の課題から「仮説」を立てる①
10.20	開発教育ディスカッション②	現代の課題から「仮説」を立てる②
10.27	貿易ゲーム（5，6 組合同）「世界の不平等を体験・体感する」	
11.10	ジェンダーを考える①	世界史風刺画を読み解く
11.24	ジェンダーを考える②	小論文の型（フォーム）
12.1	ジェンダーを考える③	世界史の中での「グローバル」化
1.12	世界の「食」を考える①	「学びの軸」ポスターセッションに向けて①
1.19	世界の「食」を考える②	「学びの軸」ポスターセッションに向けて②
1.26	世界の「食」を考える③	「学びの軸」ポスターセッションに向けて③
2.9	タイ料理調理実習（タイ料理研究家遠藤美香氏，本校卒業生，外部講師）	
2.16	「学びの軸」ポスターセッション直前準備，最終打ち合わせ，リハーサル	
2.23	「学びの軸」ポスターセッション本番	
3.2	1 年間の学びの振り返り	ポスターセッション講評と今後に向けて

の建学の精神は，まさにノブレス・オブリージュそのものであると考える。

④ 言語学習と ESD

大妻中野中高は 2015 年度の文部科学省スーパーグローバルハイスクール事業のアソシエイト校に指定されたことを機に，それまで行っていた言語学習関連の取り組みを精査，整理し，SGH カリキュラムにおける言語プログラムとしての再編成を行った。そのなかにはオーストラリアをはじめとする英語圏諸国への海外研修があり，加えて非英語圏であるタイ，フランスへの海外研修もある。このなかでタイ・チェンマイ研修は「カリキュラム内で現地の第 1 言語を学んでいない」唯一のものであり，それゆえに大妻中野中高の取り組みのなかでも独自の意味合いをもっている。そこにおける言語的なテーマは，1 つには「タイ語の学習」，もう 1 つには「第 3 言語としての英語の実践的な活用」というものがある。

(1) 大妻中野中高 SGH カリキュラムにおける言語プログラムの概要

大妻中野中高が文科省 SGH アソシエイト校に選定されるにあたって研究課題としてあげているのは「Arts を活用した都市における多文化共生の課題解決と持続的発展の研究」の実践に当たっての最重要技能，いわば "Core Art" とも呼ぶべきものが外国語技能，とりわけ英語の運用能力である。

大妻中野中高では，課題研究を支え，課題内容を十分に探究し，また発信を行うためのスキル開発として，論理性をふまえた言語コミュニケーション能力の開発を進めているが，ここでの言語コミュニケーション能力の理解は，それを以下の 4 つの能力として捉えるものである。

① Grammatical competence（文法的能力）
② Discourse competence（論理的能力）
③ Socio-linguistic competence（社会言語能力）
④ Strategic competence（方略的能力）

簡単に説明すると，①はいわゆる言語のルールに従って正しく文の生成，言語の運用を行うために機能する能力であり，②は文同士の論理的関連や言語の

第 8 章　大妻中野中学校・高等学校のスーパーグローバルハイスクール事業

文脈的整合性などを確認するために機能する能力である。③は日本語における敬語の使用などに代表されるような，社会的文脈に沿った言語の形式的運用，および話題の選択などに関する能力である。最後に④は，表現の言い換えなどに代表される，言語運用上のトラブルに際して適切な対処を実行するための能力である。

　大妻中野中高では上記4つの能力のうち，とくに②論理的能力，③社会言語能力を重要な能力と捉えている。大妻中野中高がめざす生徒像である「グローバルリーダーとして

写真 8-3　GIS の授業風景（ポスターセッション）

国際社会で活躍する女性」の育成において，多文化の受容と相互利益の向上のために提案，説得，協働を実行できるコミュニケーション能力は必須であり，そのためには文化や人種のちがいを超える普遍的価値であるところの「論理」，そして立場のちがいやさまざまな状況の変化，感情的な対立などに対応するための「社会性」が重要であると考えるからである。つまり，言語を単なるコミュニケーション上の記号として捉えず，論理性と社会性をもったものとして捉え直したうえで言語能力の向上に取り組むという趣旨である。カリキュラム内外の諸活動を通じてそれら2つの能力の習熟を図り，そうすることでグローバルリーダーとしての資質を向上させることを期待しつつ，海外研修や留学生との交流，セッションなどの実践面を通じてその能力をさらに個人の人格と融合，定着させ，最終的にはいわゆる人間的な成長につなげる。以上が大妻中野中高の言語プログラムの概要である。

(2) 複数外国語の学習と「第3言語としての英語」について

　大妻中野中高の言語プログラムの核となるのは英語教育であるが，それ以外

にも，多文化共生の観点から，英語以外の外国語学習も非常に重要と捉えている。とりわけフランス語に関しては，大妻中野中高のこれまでの歴史もふまえて，第2外国語として位置づけ，カリキュラムに組み込んでいる。英語圏とは異なる文化と関連づけて言語を学ぶことで，多様性を受容するマインドセットの向上に資するものと考えているからである。また，こうした第2外国語の学習を契機として，生涯学習としての外国語習得の意義を体得することも機会している。

　こうした背景のなか始まったタイ国チェンマイでのフィールドワークでは，タイ語の学習も行っている。これは主に事前学習の一環としての語学学習であるが，ツアーの事後学習としてタイ語講座の開講を希望する生徒が多数いたため，不定期的ではあるが事後学習も実施している。

　また，チェンマイのフィールドワークについては，英語学習に関しても期待すべき点がある。詳細は（4）で後述するが，大妻中野中高が実施しているそのほかの海外研修と国際交流はオーストラリア，ニュージーランド，アメリカ，イギリスといった英語圏と，フランス，ニューカレドニアといったフランス語圏であり，それぞれカリキュラム内の言語学習と完全に紐づけられたものである。事前学習でタイ語を学ぶとはいえ，それはあくまでも補助的なものであり，タイにおいて生徒は現地語をほぼ運用できない状態で現地校の生徒たちと交流を行わなくてはならない。そしてその状況はタイの学生たちにとっても同じである。お互いにとって相手の言語を十分に理解できない状況で，お互いにとって共通の外国語が実質的に最も意思疎通遂行の可能性が高い言語となる。こうした状況をつくり出せるプログラムとしてチェンマイフィールドワークが大妻中野中高の言語プログラムにおいて果たす役割は非常に大きく，また特異である。ただ，グローバル・コミュニティにおける公用語が英語であるのならば，こうした状況こそが今後私たちが直面する状況であり，その実践は生徒にとって，「英語を学ぶ」ということに関する新しいパースペクティブを与えてくれると確信している。

第 8 章　大妻中野中学校・高等学校のスーパーグローバルハイスクール事業

（3）事前学習としてのタイ語学習

　この項では，チェンマイフィールドワーク事前学習としてのタイ語講座について，次にチェンマイでの現地高校生との交流における言語活動について紹介し，ツアーを通じて感じた多言語教育の重要性について述べたい。

　大妻中野中高では東京外国語大学スニサー・ウィッタヤーパンヤーノン特任准教授と連携し，毎年 7 月にフィールドワークの事前学習として 3 時間 × 3 日間，合計 9 時間の講座を実施している。

　この講座ではまずタイ語の母音，子音，声調の発音練習を丁寧に行い，基本的な挨拶や，名前，年齢，所属，家族についての自己紹介ができるようになることを目標としている。

　会話学習ではタイ文字はほとんど扱わず発音表記で学ぶが，生徒は自分の名前をタイ文字で書いてもらったり，タイの文化の 1 つであるニックネーム（チューレン）を好きな果物や花などから考え，タイ語で名付けてもらったり，限られた時間のなかで言語や文化を体験する場となっている。また，ここでもらったニックネームがチェンマイでの高校生との交流時に大活躍する。

　これまでに学んできた英語やフランス語とちがった発音や声調，文法に戸惑いはあるものの，言葉の響きそのものを楽しんだり，新しい言語との出会いに言語学習への情熱を新たに見いだしたり，生徒の反応もさまざまである。ヨーロッパ言語との文法のちがいや，母音や声調によって単語の意味が変わってしまう点に苦労している生徒が多いが，発見も多い。家族を表す単語を例に考えてみよう。タイ語では父方の祖父母と母方の祖父母で区別した言い方がある点は日本語と異なる。しかし，兄弟姉妹の呼び方が年齢によって異なる点は日本語と同じである。こういったことからも，言語を通じて文化の共通点や相違点，またその国の文化が何を重要視しているのかを考えるきっかけとなっている。

（4）チェンマイでの交流を通して

　チェンマイでは主にサンパトンウィタヤコムスクールの日本語授業選択生徒

150

との交流を行っている。挨拶や簡単な言葉は日本語，また大妻中野中高の生徒は習ったばかりのタイ語，そして両者が学んでいる英語を用いて交流している。これまでのフィールドワークでの交流プログラムをみるかぎり，サンパトンウィタヤコムスクールの生徒と大妻中野中高生徒はほぼ同程度の英語力であった。

　毎年，プログラムの最初は言語の問題というより双方恥ずかしがっていて前に出られず話すことができない。しかし，第2節で取り上げた演劇集団ガッファイのプログラムを通じて，まず言葉を用いずにゲーム感覚でお互いを知り，表情，ジェスチャーで伝えることを学ぶ。この非言語コミュニケーション活動をすることが次の活動への土台となる。基本的な感情やその表し方は同じで，安心して伝えてよいのだということを双方理解する。言語はその後，それぞれの国がかかえている社会問題を寸劇に仕上げる際に用いられる。生徒たちはタイ語，日本語，英語，イラスト，ジェスチャーを織り交ぜて必死に伝えようとする。単純な事柄を伝えるのに言語は登場しなくてもよいが，詳細を話そうとするときに必要となる，これを体感できるのもこのプログラムの特徴である。

　それでも複雑な話題についてはときに通訳者の助けが必要になるが，好きな音楽や，アニメなど，大人が考えている以上に共通の話題は多く，スマートフォンを上手に利用して情報を検索したり，翻訳アプリを使ってお互いの言いたいことを調べたり，すぐに打ち解けることができている。

　ともに英語を母語としないため，英語圏への留学などで感じる，英語ネイティブスピーカーの生徒に語学学習を助けてもらっている感覚ではなく，対等な関係で会話をしている感覚がもてるところも生徒の積極性につながっているようである。

　言語は文化を表し，言語を学ぶことでその母語話者が何に価値をおくのかがわかる。両者が理解できる言語である英語があることは便利であるが，相手の母語を学ぶことで，より深くその人やその国について理解することができる。また，自分の言語を話そうとしてもらうことが心理的な壁を低くする。「外国

第 8 章　大妻中野中学校・高等学校のスーパーグローバルハイスクール事業

語学習＝話者の多い英語」だけではなく，何のために外国語を学ぶのか，原点に帰って生徒たちにその理由を考えてもらいたい。

5 今後の課題

　大妻中野中高の SDGs を中心とした ESD を取り入れたプログラムの今後の課題は，GLC のみでなく，学校全体でどのようにプログラムを共有し，生徒，教師を含めて全体が参加するプログラムにつくり上げていくかということである。現在もチェンマイ・フィールドワークやそのほかの留学プログラムのように，全体に希望者を募るプログラムもあるが，あくまでも希望者であり，生徒全体が参加するものではない。今後は，特定の授業ではなく各教科の授業内に ESD 的な視点を取り入れ，授業と各種プログラムが有機的につながっている状況をつくっていく必要がある。そのためには学校のカリキュラム・マネジメントを綿密に行い，各種プログラムの目的を明確にし，学校全体が取り組んでいるシステムづくりが重要である[10]。

［牛込　裕樹］

注
1）大妻中野中学校・高等学校は，1941 年創立の女子中高で，中高合わせて約 1450 人の生徒数の学校であり，近年グローバル教育に力を入れている。
2）文部科学省 SGH 構想は，グローバルリーダーの育成を目標に掲げ，探究的な学びのプログラムを各高等学校ごとに構築し，実践している。指定期間は 5 年間である。SGH 校には，2014 ～ 2016 年度にかけて全国で 123 校が指定され，アソシエイト校には 56 校が指定されている。
3）チェンマイ YMCA は，世界的に展開する YMCA の運営組織であり，タイ北部では最大の規模の YMCA である。語学教室やホテル事業のほかに，青少年教育プログラムの開発，運営にも力を入れており，大妻中野中高とも合意文書（MOU：了解覚書）を締結し，密接な関係を築いている。
4）サンパトンウィタヤコムスクールは，チェンマイ市街より南に約 30km ほどのところに位置するサンパトン郡にある公立中高であり，大妻中野中高と合意文書（MOU：了解覚書）を締結している。また，学校全体で環境教育に力を入れており，エコスクールづく

り活動を進めている。

5）スクサソンクロスクールは，チェンマイ郊外にある少数民族が通う学校である。スクサソンクロスクールでは，午前中は通常の教科学習，午後は農業，銀行業務，ホテル業務など多岐にわたる職業訓練学習を行っている。

6）バンガートウィタヤコムスクールもスクサソンクロスクールと同様に，モン族やカレン族などの少数民族の子どもたちが通う学校で，教科学習とともに，多岐にわたる職業訓練学習を行っている。また，バンガートウィタヤコムスクールでは日本語教育や日本文化の学習が非常に盛んであり，大妻中野中高とも 2018 年度より交流している。

7）ドーデック財団は，チェンマイでストリートチルドレンの自立を支援する団体で，さまざまな活動を通して子どもたちの想像力や集中力を養い将来自立して生活していけるよう支援を行っている。

8）プープーペーパーパークは，エレファントキャンプから出る象の糞を利用して紙漉き体験ができる施設で，象の糞を廃棄物として処理するのではなく，新たな観光資源として活用している。

9）演劇集団「ガッファイ」はチェンマイに拠点をおく演劇グループで，演劇という表現方法を通して，自ら演じることで社会問題を考え，また，自らの考えややりたいことを自由に表現できるようになることをめざすプログラムを実施してもらっている。

10）本章の執筆分担は次のとおりである。第 1・2 節：牛込裕樹，第 3 節：光村剛，第 4 節：武下美佳・福島洋治，第 5 節：牛込裕樹。

参考文献

神崎文彦（2019）『ゼロから 1 カ月で受かる志望理由書のルールブック』KADOKAWA，p.272

子島進・藤原孝章編（2017）『大学における海外体験学習への挑戦』ナカニシヤ出版，p.184

服部孝彦（2006）『私たちはいかにして英語を失うか―帰国子女の英語力を保持するためのヒント』アルク，p.153

藤原孝章（2015）『海外子ども事情 A タイ・スタディーツアー報告書』同志社女子大学

大妻中野中学校・高等学校（2018）『Otsuma nakano SGH Forum 報告書』p.54

第9章
上智大学における
「多文化共生・ESD・市民教育」の授業評価

　上智大学では従来よりグローバルな課題に取り組む人材養成をめざしている。総合人間科学部教育学科でもグローバルな観点に立った教育を重視し，国際教育，開発教育，国際教育開発，多文化教育に関わる教員が在籍していた。在籍教員 8 名の半数がグローバル教育関連の教員であるという，他大学の教育学科にはない特徴をもっていた。

　2011 年度には，上智大学学内共同研究プロジェクトとして「多文化共生社会における ESD・市民教育の可能性」が採択されて，学科教員全員で 3 年間にわたって ESD・市民教育について研究活動を行った。その成果として 2014 年に上智大学出版会より『多文化共生社会と ESD・市民教育』を発刊した[1]。

　上智大学には教育の質を向上させ，新しい教育実践を実験的に行うための「上智大学教育イノベーション・プログラム」があり，2014 〜 2016 年度までの 3 年間にわたって，授業科目「多文化共生社会と ESD・市民教育」を教育学科の全教員によって開講することになった。グローバルな課題に取り組む人材を養成するためには，従来の講義中心の授業では十分ではなく，参加体験型の授業展開も必要であると考えた。いっぽう，グローバルな課題に対する基本的な知識の獲得やアプローチの仕方を知ることも大切である。そこで，講義型の授業と参加型の授業を組み合わせるこ

とで，より効果的な教育が行われるのではないかという仮説のもとに，本
講義科目を開設して，その効果を測定することが本プログラムの目的で
あった。

　本章では第1節において，2014 ～ 2016 年度までの3年間にわたっ
て実施された授業科目「多文化共生社会と ESD・市民教育」について解
説する。第2節においては，授業効果を知識，態度，意識の3つの側面
について測定したので，その結果について詳述したい。第3節において，
本調査のまとめと今後の課題について考察することとする。

① 授業科目「多文化共生社会と ESD・市民教育」の概要

（1）本授業科目のねらい

　授業科目「多文化共生社会と ESD・市民教育」は，教育の質を向上させ，
新しい教育実践を実験的に行うための「上智大学教育イノベーション・プログ
ラム」の一環として，2014 ～ 2016 年度までの3年間にわたって開講された。
本授業科目は秋学期2単位科目として開講された。この科目は総合人間科学部
の1年次必修科目「総合人間科学入門」（春学期開講）につなげる形で，教育学
科の導入科目として展開された。

　本授業科目は，教育学科の全教員が輪講の形で講義し，1年次生については
全員が履修するようにオリエンテーションで指導した。また，本授業科目は
「多文化共生・持続可能な社会・市民教育」という上智大学の教育理念「他者
のために，他者とともに」の根幹に当たるテーマを扱っていることから，総合
人間科学部各学科や他学部の学生にも受講を呼びかけた。

　本授業科目の特色は，14 回の講義のうち9回を専任教員と非常勤講師の授
業に充て，残り5回の授業を「参加体験型のワークショップ形式」で行うこと
である。参加体験型の授業においては，各学生が「自身のアイデンティティ，
社会との関わり，世界とのつながり」を確認して，学生自身の将来の学習や人

155

第9章　上智大学における「多文化共生・ESD・市民教育」の授業評価

生に展望を切り開くことをねらいとしている。

　本講義のテキストとしては『多文化共生社会と ESD・市民教育』が使用された。本書は，上智大学学内共同研究「多文化共生社会における ESD・市民教育の可能性」(2011-13 年度) の研究成果として編集発刊されたものである。また，参加型学習教材として別のテキストが使用された[2]。

　本授業科目においては，講義型・参加型による授業の評価を行い，効果測定を試みている。毎回のリアクション・ペーパーと最終回の授業アンケート，および最終レポート，事前事後の評価表を総合して，授業の効果を測定した。これにより，講義型・参加型といった授業形態のちがいによる学習効果の比較や，各回の授業内容の理解度や効果を測り，今後の授業改善に生かすことを目的としている。

(2) 授業科目「多文化共生社会における ESD・市民教育」の実施

　教育イノベーション科目として「多文化共生社会における ESD・市民教育」(秋学期水曜日 3 限) を実施した。2016 年度は表 9-1 のような内容で，講義型の授業 9 回と参加型の授業 6 回を組み合わせた科目として実施した。

　受講生の人数は次のとおりである。2014 年度 − 登録 183 名，単位付与 163 名。2015 年度 − 登録 190 名，単位付与 173 名。2016 年度 − 登録 150 名 (抽選科目)，単位付与 135 名。教育学科の 1 年生の定員は 60 名であり，毎年 150 名を超える学生が受講してきたことは意外であった。授業自体は，受講した学生には好評であり学生新聞でも取り上げられるところとなった[3]。しかしながら，人数が多いことは参加型の授業の実施においては障害要因であった[4]。

写真 9-1　参加型の授業風景（上智大学）

[1] 授業科目「多文化共生社会と ESD・市民教育」の概要

表 9-1　授業科目「多文化共生社会における ESD・市民教育」の内容

2016 年 10 月 5 日	オリエンテーション（田中治彦）
10 月 12 日	ワークショップ 1「多文化共生」（田中治彦）
10 月 19 日	開発途上国と紛争後社会の教育と多文化共生（小松太郎）
10 月 26 日	持続可能な開発のための教育（ESD）の歴史と課題（田中治彦）
11 月 9 日	多文化主義とは何か：その歴史と課題（加藤守通）
11 月 16 日	ワークショップ 2「地球温暖化」（田中治彦）
11 月 23 日	人の国際移動と多文化社会の教育変容（杉村美紀）
11 月 30 日	子どもの貧困の現状と対策（酒井朗）＊
12 月 7 日	ワークショップ 3「市民教育」（田中治彦）
12 月 14 日	倉橋惣三の保育理論にみる国民教育と市民教育の課題（湯川嘉津美）
12 月 21 日	グローバル化時代のシティズンシップと教育（髙祖敏明）
2017 年 1 月 6 日	総合的な学習の時間と ESD・市民教育（奈須正裕）
1 月 11 日	ワークショップ 4「グローバル化社会のなかのわたし」（田中治彦）
1 月 18 日	まとめと評価（田中治彦）

＊：2014 年度は「人口問題からみた持続的な社会の実現（鬼頭宏）」，2015 年度は「ESD の歴史と課題 2（北村友人）」

(3) 成績評価について

　本科目の成績評価は以下のように行った。授業の最後にレポートを提出してもらう。レポートの題目は，テキストの章末にある「本書を深めるための課題」のなかから 1 つを選び論ずる。採点は当該の章の執筆者が行う。成績はレポートの点数が 60％，出席点が 40％である。出席点を重視したのはワークショップの回を評価するためである。講義の回の出席は 1 ポイント，ワークショップの回の出席は 2 ポイントとして点数化する。なお，4 回以上の欠席者には単位を付与しなかった。また，各回のリアクション・ペーパーとワークショップで

表 9-2　「多文化共生社会における ESD・市民教育」の成績分布　(%)

	A 90 点以上	B 80-89 点	C 70-79 点	D 60-69 点	F 59 点以下
2014 年度	30.1	45.9	11.5	1.6	10.9
2015 年度	29.5	52.1	9.5	0	9.0
2016 年度	20.7	56.7	12.7	0	10.0

第9章　上智大学における「多文化共生・ESD・市民教育」の授業評価

使用したワークシートは評価の対象としていない。

　成績分布は表9-2のとおりである。本学学事委員会では，講義科目における
A評価を20％以内に収めることを努力目標としている。ただし，演習科目に
おいてはこの限りではない。本科目においては，2014年度と2015年度におい
てA評価が約30％となっている。しかし，本科目は参加型ワークショップを
採用していて，授業の性格が講義科目と演習科目の中間形式である。したがっ
て，必ずしもA評価を2割以内に収める必要はないのではないかと考えられ
る。

（4）学生の反応

　2014年度の授業の最終回にとったアンケートのなかから，講義型・参加型
の授業についての学生の反応について代表的なものをみていこう。

　①講義型の授業について

・（杉村先生の授業で）中華学校や朝鮮学校などが正式な教育機関として認められていない
　こと，そうと知りながら多文化教育を受けさせたい為にわざわざ子供をそのような学校
　に入れる親がいることなど初めて知ることが多く，とても勉強になった。
・加藤先生の講義で，多文化主義というグローバル化が進んだ現在に我々が直面している課
　題に対して，儒教，プラトン，近代哲学などの観点からの授業を展開されていて新鮮だった。
・小松先生の社会的結束の講義は，開発途上国や紛争後社会に限らず，グローバル化する
　世界において多文化共生していく上で普遍的に言えることではないかと考えた。
・髙祖先生の授業で，市民教育とキリスト教の関係を知り，上智大学の理念や上智大学が
　これから目指すことを学べたことはとてもよかったです。
・奈須先生の総合学習についての講義で，総合的な学習をするために，小学校の先生たち
　がどんなことを考えて進めているのか，どこまで介入しどこまで引っぱっていいのかな
　ど考えているビデオを見たことが深く印象に残っています。
・湯川先生の講義に関しては，日本の国民教育や幼児教育の視点で，国民教育と市民教育
　の特徴について考えさせられ印象的でした。
・（田中教授の授業で）貧困の悪循環の話をきいて，すべての貧困国における問題は関係し
　合っていることを知った。貧困と環境がどのようにつながっているかが分かりやすかった。
・私は今まで世界にばかり目を向けてきたが，この講義を通して，自分の身の回りの地域
　のことをまず考えることが大切だということを学んだ。
・教育学科の教授たちの輪講ということもあり，さまざまな側面から考えることができて
　とてもおもしろかった。

②参加型の授業について

・みよしの町中華街構想というワークショップがとてもリアリティがあっておもしろかった。人種も違えば，年齢も違い，職業も違う人たちが一つの街を作り上げていくという大きな目標に向かって話し合いを進めていく過程が印象深かった。
・「みよし町中華街構想」「30歳のわたし」のワークショップで，与えられた役を演じてグループで話す学習は興味深かったです。自分とは違う人の価値観の中で話す経験は，多文化共生社会で生活するうえでとても大切なものになると感じました。
・地球温暖化のワークショップが印象に残っている。地球温暖化と聞くと，悪いように聞こえデメリットばかりが浮かんでたが，決してそうではなく，考えられるメリットも多くあると理解できた。最終的に，やはりよくないと分かったが，長所・短所を考えると，さらに課題が深まるのだと感じた。
・「30歳のわたし」では10年後の自分を具体的に想像してみることで，期待とともに不安も生まれた。漠然と抱いている将来の夢だが，そのときの"将来"がすぐそこに来ていると考えると，今やっておくべきことが多くあるように気がした。
・せっかく8回の講義があって貴重なインプットがあるのに，それを生かせる型のワークショップ（アウトプット）があればいいのになと思いました。
・どのワークショップも，目的があまり明確ではなかったような気がします。共有して，終わりというものが多かったので，その先を考えるようなものが良いなと思います。
・新たな理解をするだけでなく，自分について知ることができました。
・ワークをする班の人達の構成によってディスカッションの質が全く異なってしまうのは少し残念でした。学科の違う人間としては毎回やりにくかったです。

③全般について

・知識を講義で増やすと共に実際にワークショップを通すことで，その知識を生かせるようになったと思う。
・講義とワークを組み合わせた授業はとても新鮮で，理解を深めていくためにはとても重要なんだな，ということを実感することができました。
・テキストが読みやすく，おもしろい内容でした。各章が十数ページで構成されていて，飽きずに読み進められました。
・人数があまりに多く，後ろの方の人たちの私語が気になった。ワークショップは好きだが，もっと注意してほしかった。

② 授業効果の測定

　本プログラムについては，授業効果を測定するための調査研究を行った。次の3つの調査が実施された。

第 9 章　上智大学における「多文化共生・ESD・市民教育」の授業評価

| 調査 1　知識の変化— 2014 〜 2015 年度実施 |
| 調査 2　態度の変化— 2014 年度実施 |
| 調査 3　意識の変化— 2015 〜 2016 年度実施 |

　以下，それぞれの調査について分析結果を掲載する。

(1) 調査 1 —知識の変化

① 調査の目的

　本授業を通して，学生たちがどのような知識を獲得したかを調査した。本調査は 2014 〜 2015 年度の 2 回にわたって実施された。以下，2015 年度調査の結果について紹介する。

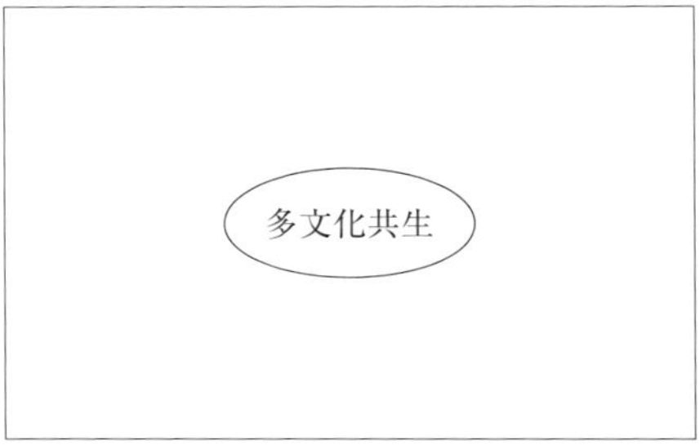

図 9-1　「多文化共生」についてのワークシート

② 調査の方法

　初回の授業 (2015 年 9 月 30 日) と最終回 (2016 年 1 月 20 日) に同じワークシートを配布し，学生に記述してもらう。事前調査と事後調査のワークシートを比較して，獲得した知識の量と質を分析する。

　中央に「多文化共生」と記されたワークシート (図 9-1) を配布する。「多文化共生」という用語から思いついた言葉を 10 分間のなかでできるだけ多く記述してもらう。事前・事後調査の双方に回答した学生は 140 名である。

③調査の結果

ア．量的調査

　ワークシートに記述されている「ことば」の個数を数えて，事前調査と事後調査とで比較する。

| 事前調査：140 名で合計 4106 個（1 人当たり平均 29.3 個） |
| 事後調査：140 名で合計 3295 個（1 人当たり平均 23.5 個） |

　両者を比較すると，全体の記述では事前より事後のほうが 811 個減少している。1 人当たりの平均にすると，事前より事後のほうが，5.8 個減少している。

[2] 授業効果の測定

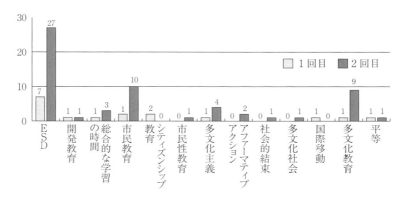

図9-2 キーワードによる知識の変化の分析

イ．質的調査

講義のなかからキーワードとなる「言葉」を担当教員が3個ずつ選ぶ。それらのキーワードについて，事前調査と事後調査とで比較する。キーワードは以下のとおりである。

```
ESD／開発教育／環境教育／総合的な学習の時間／生活教育／市民教育／シティズンシップ教育
市民性教育／多文化主義／アファーマティブアクション／リベラリズム／遊びによる教育／誘導保育
自発保育／社会的結束／多文化社会／国際移動／多文化教育／公正／平等
```

結果は図9-2のとおりである。事後調査において顕著に増加している項目は，ESD（7→27），市民教育（2→10），多文化教育（1→9）である。いずれも本講義題目に表れる用語である。また，多文化主義（1→4），多文化社会（0→1）も増加していて，「多文化」とつく用語全体では，2→14へと顕著に増えている。ほかには，「総合的な学習の時間」が1→3と増加している。

環境教育，生活教育，リベラリズム，遊びによる教育，誘導保育，自発保育，公正の7つのキーワードについては事前・事後ともに記述はなかった。

④ 調査1についての考察

ア．量的調査の結果について

第9章　上智大学における「多文化共生・ESD・市民教育」の授業評価

　2回目の調査で記述個数が減少した要因としては，講義やワークショップを通して知識がまとまり構造化したことが考えられる。1回目の調査で記述された言葉をみてみると，国名の羅列や海外の食べ物の名前など，断片的で言葉と言葉の関連性が低い記述が多く，頭のなかに連想したものをそのまま書いている様子がみられる。

　（例：アジア－中国－韓国－インド－インドネシア…）

　2回目の調査では，授業を受けたことで知識がまとまり，知識の構造化がみられた。また，「多文化共生」を中心として社会課題と結びつけた記述やそれぞれの講義のなかで扱われた話題と結びついた記述が目立った。

　（例1：社会課題との結びつき：アジア－移民－外国人労働者－労働環境…）

　（例2：講義との結びつき：ボスニア・ヘルツェゴビナ－民族対立－紛争…）

　イ．質的調査の結果について

　20のキーワードのうち「ESD」「市民教育」「多文化教育」の3語は，2回目の調査で記述が増えた。授業のタイトルにあるように「多文化共生社会におけるESD・市民教育」を柱として，どの講義においても「ESD」「市民教育」「多文化教育」を意識して講義が実施され，受講者も講義の一貫性を理解していることがみられる。

(2) 調査2―態度の変化

① 調査の目的

　本授業を通して，受講生の意識や態度，価値観がどのように変化したかを調査する。本調査は2014年度の受講生を対象として実施された。

② 調査の方法

　調査では，「ランキング・私が大切にするもの」のワークシート（図9-3）を活用した。これは，開発教育の教材の1つであり，自分が何を大切にして生きようとしているかを考えることを可視化するためのものである。まず個人でワークシート中の選択項目のなかから優先順位をつけたものを，ダイヤモ

ンド・ランキングのシートのなかに書き込み、その後4〜5人のグループに分かれ、他者の優先順位と個々人の選択理由について話し合った。そのうえで最終的な優先順位を個人で決めるというワークを2回の授業のなかで行った。

ワークシート中の選択項目として、A「収入」、B「健康」、C「家族」、D「友人」、E「地域や社会への貢献」、F「仕事」、G「社会的に認められること」、H「趣味」、I「その他」(参加者自身が自由に選択項目を付け加える)の9つが提示された。事前調査(2014年10月1日実施；以下、A表)と、事後調査(2015年1月21日実施；以下、B表)の2回にわたって実施し、授業前後の意識や態度、価値観の変化として、A表とB表を比較した。ここでは、A表とB表の両方に記入した138人の学生を対象に分析する。

図9-3 ワークシート「ランキング・私が大切にするもの」

まず、優先順位をつけて記入された9項目のうち第1位と上位3つ、および下位3つにあがった項目を集計した。また、受講生がそれらの選択肢を選ぶことに至る理由や考えを把握する方法として、最終回授業で実施した、「授業アンケート」への回答を活用した。対象としたのは、〔「ランキング・私が大切にするもの」のA表とB表の比較をしてください。あなたのランキングは変化していますか、それともあまり変化していませんか。その理由は何だと思いますか？〕という質問項目への回答のなかで、授業内容に関わる記述を抽出した。

③ 調査の結果

2回分のランキングのワークシートの集計結果として、9項目のうち第1位と上位3つ、および下位3つとして、A表とB表のワークシート全体にほとんど序列の変化がみられないというのが特徴的であった(図9-4)。A表とB表

第9章　上智大学における「多文化共生・ESD・市民教育」の授業評価

の両方において，「家族」「健康」が最も優先順位として高く，上位3位では，「家族」「健康」「友人」の順となった。さらに，B表で「健康」を大切にしたいものとして選んだ人が15人増加した。下位3つは，A表とB表ともに「地域や社会への貢献」「社会的に認められること」「趣味」となったが，B表で，「地域や社会への貢献」と「社会的に認められること」が4名ずつ増加したことがわかった。

④ 調査2の考察

ワークシートを用いた本調査では，授業を受講する前と後で受講生が選択した「大切にしたいもの」の序列に変化がほとんどみられなかったことから，授業内容による受講生の態度の変化を明らかにすることはできなかった。しかしながら，アンケートへの回答内容からは，ワークシートの9つの選択項目を序列化するにあたり，授業での学びと自己の生活やあり方を関連づけている思考過程がみられ，授業内容が受講生の内省的作業を促す要素となっていると考えることができる。したがって，ワークシートの結果そのものから授業による直接的な影響はみられなかったが，事後調査としてのワークシートに取り組むプロセスにおいては，授業で得た知見をふまえ

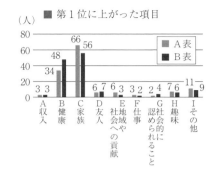

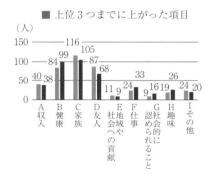

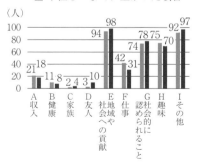

図9-4　ワークシートの集計結果

たものにつながったと考えることができるであろう。

　ESDと市民教育による学習効果として，学習者の態度や価値観の変化をはかるうえで，授業テーマへの関心の高さや社会参画への意思に直接的に結びつくものばかりでなく，むしろ学習者の身近な生活を構成している多様な要素への気づきやそれらと社会との関わりを改めて捉え直すことを促す要素を明らかにし，学習者の意識や態度の変化を可視化していくことのできる調査と評価の設計が求められる。

(3) 調査3—意識の変化

① 調査の目的

　本授業を通して，学生たちの意識がどのように変化したかを調査する。具体的には，ESD・市民教育に対する意識を測定する尺度を作成し，授業の前後で比較を行う。本調査は2015年度および2016年度に実施された。

② 調査の方法

ア．調査対象者・調査時期

　授業履修者全員を対象に質問紙が配布され，集団で実施された。2015年度，2016年度ともに初回（Pre）と14回目（Post）の授業時間を利用して行われた。PreとPostのいずれかが未実施であるデータをのぞき，2015年度は163名（女性111名，男性52名），2016年度は131名（女性85名，男性46名）を分析対象とした。

イ．調査項目

　ESD・市民教育に対する意識を測定するための項目として29項目を作成した。「1.全くそう思わない」～「5.とてもそう思う」の5段階評定で回答を求めた。

③ 調査3の結果と考察

　因子分析の結果から，「外国に行きたい」「定住外国人」「メディア」では，交互作用はみられず，時期の主効果のみがみられた（表9-3）。このことは，年度にかかわらず授業の効果がみられたことを示している。「外国に行きたい」

第9章　上智大学における「多文化共生・ESD・市民教育」の授業評価

表9-3　各下位尺度の時期と年度による比較

下位尺度	年度	Pre		Post		時期の主効果	年度の主効果	時期×年度 交互作用
		平均値	標準偏差	平均値	標準偏差			
外国に行きたい	2015	3.80	0.91	3.64	0.89			
	2016	3.73	0.91	3.66	0.89	***	n.s.	n.s.
	総和	3.77	0.91	3.65	0.89			
解決への意欲	2015	3.85	0.67	3.86	0.62			
	2016	3.87	0.65	3.84	0.64	n.s.	n.s.	n.s.
	総和	3.86	0.66	3.85	0.63			
選挙	2015	3.50	0.98	3.57	0.95			
	2016	4.01	0.83	3.94	0.80	n.s.	***	n.s.
	総和	3.73	0.95	3.73	0.91			
定住外国人	2015	3.72	0.70	3.59	0.65			
	2016	3.59	0.59	3.53	0.64	**	n.s.	n.s.
	総和	3.66	0.66	3.56	0.65			
地域活動	2015	3.42	0.82	3.33	0.85			
	2016	3.44	0.75	3.37	0.71	n.s.	n.s.	n.s.
	総和	3.43	0.79	3.35	0.79			
異文化への接触	2015	3.94	0.90	3.98	0.85			
	2016	3.91	0.88	3.93	0.90	n.s.	n.s.	n.s.
	総和	3.93	0.89	3.96	0.87			
メディア	2015	2.82	0.83	3.12	0.86			
	2016	2.76	0.83	2.92	0.81	***	n.s.	n.s.
	総和	2.79	0.83	3.03	0.84			

*：$p < .05$，** $p < .01$，*** $p < .001$

と「定住外国人」では，得点が授業の前後で下がっている。これらは，本授業を受けることで，外国に住んだり外国で学んだりしたいという意識や，日本に住む外国人が増えることに対するポジティブな意識が下がったことを示している。いっぽうで，「メディア」の得点は授業の前後で上がっており，授業を通して海外の出来事に対する関心が高まっていることを示している。これらの結果が得られた理由として，授業において多文化共生をとりまく問題に対する考え方が変わったためであると考えられる。すなわち，授業を受ける前までは，外国に行くことや日本で外国人が増えることに，漠然とした肯定的なイメージをもっていたが，授業を受けることで，多文化共生の困難さや複雑さを体感し，そのことが単純な楽観的な態度を抑制したのではないかと考えられる。そして，海外に関する事柄を単純によいものとしては捉えていないものの，海外に関心をもち積極的に情報を得ようとしていると考えられる。

　授業の効果がみられたものがある一方で，「解決への意欲」「選挙」「地域活

166

動」「異文化への接触」では差がみられていない。これらは，自分とのつながりがみえづらいためではないかと考えられる。外国へ行くことや外国人が自分の身近にいることは，自分に直接関わりのあることとして捉えやすい。その一方，貧困や戦争などの世界的な問題に対して，解決に向けて取り組み，自分に直接関わる問題として切実感をもつことはむずかしいと考えられる。「選挙」では，2015年度より2016年度のほうが意識が高いが，授業の効果はみられないことから2016年度に行われた国政選挙の影響であると考えられる。また，地域の活動や食に対する文化のちがいについても，授業のなかで自分事として経験することはむずかしかったと考えられる。

　以上のことから，身近ではなかった事柄が自分に関わる身近なものとしてとらえられるようになったときに，意識の変化がみられると考えられる。そして，授業のなかで自分と切実につながっているという経験を得ることができるかどうかが授業の効果のちがいとして現れると考えられる[5]。

③ 調査のまとめと今後の課題

　以上の授業効果の測定結果をまとめると以下のことが判明した。

> ① 知識の変化―事前調査と事後調査とでは，知識の記述個数自体は減少している。その要因としては，講義やワークショップを通して知識がまとまり構造化したことが考えられる。「ESD」「市民教育」「多文化教育」の３語については事後で記述個数が増えていて，授業全体を通してこれらを意識して講義が実施され，受講者も講義の一貫性を理解していることがみうけられる。
>
> ② 態度の変化―事前調査と事後調査とでは「大切にしたいもの」の序列に変化がほとんどみられなかった。授業内容による受講生の態度や価値の変化を明らかにすることはできなかった。
>
> ③ 意識の変化―「メディア」の得点は授業の前後で上がっており，授業を通して海外の出来事に対する関心が高まっていることを示している。「外国に行きたい」と「定住外国人」では，得点が授業の後で下がっている。これらは，本授業を受けることで問題の複雑性と困難性を理解した結果ではないかと推測できる。「解決への意欲」，「選挙」，「地域活動」，「異文化への接触」では差がみられていない。これらは，自分とのつながりがみえづらいためではないかと考えられる。

　これらの測定結果から，半期２単位の授業のなかでは，知識面での効果は顕

第9章　上智大学における「多文化共生・ESD・市民教育」の授業評価

著にみられるものの，態度面や意識面の変容をもたらすことには限界があることが判明した。すなわち，グローバルな課題を理解してその解決に向けて行動する人材をグローバル人材とするならば，ほかの講義やフィールドワーク，社会体験などを通して，グローバルな課題と自分とのつながりを時間をかけて，より具体的かつ実際的に理解していくことが必要である。そこで，SDGs のようなグローバルな課題の学習においては表9-4のような学習モデルを提案してみたい。

　第1段階は「問題に対して知識もなく，関心も薄い」段階である。国際協力を例にとるならば，途上国の実態も知らず，援助や協力といったことにも無縁な段階である。最初，学習者のほとんどはこの段階にある。

　つぎに第2段階は，開発問題や国際協力について一通りのことを学ぶ段階である。これらの問題に対して基礎的な知識を得る。それにより問題関心が喚起される。そして，時には「学校がない子どもたちのために募金して学校を建てよう」というような単純な行動を起こす。

　第3段階は「問題の複雑性を理解する」段階である。この例でいえば，単に学校という建物を建てただけでは問題は解決しないことを理解する。すなわち不就学の問題の背景には，村自体の貧困，教員の質や量，教育に対する親の意識，家族労働の問題など複雑な要因が重なっていることを理解する。この段階では第2段階のようには，具体的な行動は取りにくくなる。したがって一時的

表9-4　グローバルな課題の学習の4段階（田中モデル）

第1段階	問題に対して知識もなく，関心も薄い。
第2段階	問題に対して基礎的な知識を得る。 問題に関心をもち，ときには単純な行動を起こす。
第3段階	問題の複雑性を理解する。 そのため具体的な行動はとりにくくなる。 ときにはモチベーションも下がる。しかし，それでも関心をもち続ける。
第4段階	問題の複雑性を理解したうえで，自分なりの解決策や行動方針を見いだす。 問題のよりよい解決のために，関心や行動を持続させる。

には問題解決へのモチベーションが下がることがありうる。しかし，それでも関心をもち続けることがこの段階では大切なことである。ここで関心や意欲を失うと，第1段階に逆戻りしてしまう。

第4段階は，「問題の複雑性を理解したうえで，自分なりの解決策や行動指針を見いだす」段階である。そして，その後もよりよい解決のために関心や行動を持続させるという態度をとる。

グローバルな課題学習の実践の現場では，第2段階の学習にとどまることが多かった。これを第3段階の「複雑性の理解」と「関心の持続」にまでいかにもっていくことができるのか，その学習プロセスを実践のなかで確立していくことが当面の教育の課題であろう。今回の参加型と講義型を交えた授業においては，学生たちを第2段階から第3段階に導くことには一定成果を上げたと評価することができる。この段階で今回行ったような質問紙による意識調査においては，項目によっては事後のほうが得点が下がるということは十分に考えられる。なぜなら，学習者自身の評価基準が高まっているために，より厳しい回答を行うことになるからである。こうした点もふまえて，今後，学習者自身の評価基準の高まりを測定するような新しい評価方法を開発していくことが求められよう[6][7]。

［田中 治彦］

注
1) 田中治彦・杉村美紀編（2014）『多文化共生社会と ESD・市民教育』上智大学出版会。
2) 上智大学総合人間科学部教育学科編（2014）『ワークショップ版 多文化共生社会における ESD・市民教育』[2014-15 年度使用]／上智大学総合人間科学部教育学科・（特活）開発教育協会編（2016）『18 歳選挙権と市民教育ハンドブック』[2016 年度使用]。
3)『上智新聞』2015 年 1 月 1 日号に「上智一受けたい授業」として紹介された。
4) ティーチング・アシスタントが付いたが，それでもグループ分けやワークシートの配布に時間を要した。また，グループ・ディスカッションの発表なども全グループから報告してもらう時間がとれなかった。
5) 調査分析の詳細は，田中治彦他（2017）「研究会報告 2014 ～ 16 年度教育イノベーショ

第9章　上智大学における「多文化共生・ESD・市民教育」の授業評価

　　ン・プログラム―講義型および参加型による ESD・市民教育の試み」『上智大学教育学
　　論集 52 号』を参照。
6) 本講義科目は，その後 2018 年度より高度教養科目として全学の学生を対象として開講
　　されている。また，小松太郎（教育学科教授）を中心に「高等教育における ESD の評価」
　　をテーマとした研究が継続的に続けられている。
7) 本章の執筆分担は次のとおりである。第 1 節：田中治彦，第 2 節 (1)：松倉紗野香，(2)：
　　秋元みどり，(3)：伊藤慎悟，第 3 節：田中治彦。

第 *10* 章
YMCAにおける
地球市民育成プロジェクト

持続可能な開発目標 (SDGs) への取り組みは，さまざまな教育機関や行政，企業，NPO など，まさに社会全体の営みとして広がっている。SDGs の実践は，多様な立場や役割，専門分野のコラボレーションを通じて，相互にその価値と世界観を共有し，持続可能な社会のかたちを生み出していくことへの参加を支えていく場づくりでもある。

本章では，社会教育領域における取り組みとして，日本 YMCA 同盟のユース育成事業を紹介する。世界中の国と地域にネットワークをもつ YMCA は，国境や宗教，民族を超えて，公正で平和な世界をつくるための運動を多方面で展開してきた。ここではとくに，「YMCA 地球市民育成プロジェクト (Global Citizenship Project：GCP)」に焦点を当て，具体的な内容を取り上げていく。

1 YMCA の歴史とユース育成事業

(1) 社会教育事業の始まりと広がり

1844 年にイギリスで誕生した YMCA は，キリスト教理念をもつ社会教育団体である。産業革命が進むなか，劣悪な環境のもとで子どもたちも労働者として働かされていた時代において，ジョージ・ウィリアムズ (George Williams)

第 10 章　YMCA における地球市民育成プロジェクト

は心豊かな人生を願い，若者たちを集めて聖書を読んで祈り，語り合うことを始めた。かれらはこの集まりを YMCA（Young Men's Christian Association）と名付け，のちに多くの人々からの支援を得て，英国各地において集会や知識向上のための活動を広げていった。その後，1851 年にロンドンで開かれた世界初の万国博覧会を通じて，YMCA の活動はヨーロッパ，北米，オーストラリアへと広がり，世界最大規模の非営利団体として，120 の国と地域で事業を展開している。

　日本では，1880 年に東京 YMCA が設立されて以来，語学教育やキャンプ・野外教育，スポーツ事業や国際交流などの幅広い社会教育事業のほか，保育や障がい児教育，職業教育や各種施設運営を含め全国的に事業を広げている。日本での YMCA 創設者の一人である小崎弘道によって，Young Men's Association が「青年会」という言葉に訳され，YMCA は日本語で「東京基督教徒青年会」とされた。精神・知性・身体の調和のとれた人間の成長をめざし，歴史的には，職業紹介所の設立（1921 年），市民自由大学の開放（1922 年）を行った。また体育事業の開始（1917 年）以降は，バスケットボール，バレーボールの紹介や，室内温水プールを備えた総合体育館が建設され，いずれも日本では先駆けとなるはたらきであった。

　このように，事業開始当時からの伝統の精神を受けつつ，多様な教育機会を広げてきた YMCA は，ユースを，18 ～ 35 歳までの世代とし，若者が主体的な生き方を選択していける環境を提供することと，一人ひとりがポジティブネット [1] をつくる担い手としての意識をもつことに価値をおいた取り組みを行いつづけている。また，全国の大学および専門学校，学生寮を拠点に学生が中心となって活動を行う「学生 YMCA」には，現在 34 グループ，約 450 名の学生が参加し，ボランティア活動やフィールドワークを通じた国内外の交流とネットワークが形成さている。

　ユース・エンパワーメントの事業としては，国内外での研修会が行われており，アジア・太平洋 YMCA では地球市民の育成の概念整理と，具体的なカリ

キュラムが検討されてきた。また，個々人が社会課題からテーマを設定し，アクションプランを考え実行する「YMCA地球市民育成プロジェクト」（本章で具体的に取り組みを紹介）も継続的に行っている。

(2) グループワークと国際理解教育のイニシアティブ

今日に至るまで，YMCAが幅広く行っているユース育成事業には，グループワークの手法が多く用いられている。また，国際交流・国際協力，開発教育はYMCAの事業において不可欠な要素として，ユース育成のプログラムにも組み込まれてきた。

グループワークは，戦後日本の教育における民主化のための教育方法論として，GHQと文部省によるIFEL（青少年指導者講習会）によって導入された経緯があり，その起源はイギリスのYMCA，ボーイスカウトなどの小集団指導にある。1920年代にはアメリカにおいて新教育と集団心理学の理論を背景に一学問として成立し，福祉系の大学などで教えられていた。日本の社会教育では，戦後「共同学習」による民主的な話し合いが奨励されていたが，この時期にYMCA同盟から出されたグループワークに関する本は，その後の社会教育の発展にも影響を与えるものとなった（田中 2018）。

国際理解教育に関しては，YMCAは日本での開発教育普及推進を行ってきたキリスト教系団体の1つであり，1970年代末から1980年代初めにかけては，各地で開催された開発教育シンポジウムの企画運営に関わっていたと同時に，アジア各地へのYMCAスタッフ派遣を通じて，開発問題や開発への青年の参加を高めることを行っていた（湯本・田中・近藤 2017）。

2008年に東京で開催されたグローバルシティズンシップ・フォーラムでは，地球市民育成に向けた具体的なカリキュラムの検討が行われて以降，アジア・太平洋YMCA同盟による企画では，トレーナー養成プログラムや参加者が開発途上国のコミュニティに入り，その現状と課題を知り，自分たちにできるアクションを考える研修が行われるなど，その理念はユース育成の実践としても

第10章　YMCA における地球市民育成プロジェクト

脈々と受け継がれている。

2　YMCA 地球市民育成プロジェクトの背景

(1) 国を超えてめざす教育

　YMCA 地球市民育成プロジェクト（Global Citizenship Project；以下，GCP）は，2006年7月，南アフリカのダーバンで行われた第16回世界 YMCA 同盟総会（大会）において，世界中の YMCA が地球市民（Global Citizenship）を育成することを優先目標としていくと確認されたことの流れを大きく受け，2009年から日本 YMCA 同盟により実施されることとなった。

　アジア・太平洋 YMCA 同盟で組織している，グローバル・シティズンシップのワーキンググループでは，地球市民（Global Citizenship）を次のように定義している[2]。

　地球市民は，意識と行動において，この世界がグローバルな良心によって守られ，相互に関係していることに関わろうとしているものである。今日の世界で起きている現実を理解し，そのことに市民の一員として責任を感じているものである。各民族が，地球市民として人類全体やその民族固有の価値を大切にし，市民としての心を築いていこうという意欲を持つものである。そして，異なったコミュニティが手を合わせ，社会的責任を持ち，正義と平和，いのちの持続的発展のために積極的に働きかける一員としての市民意識をもつものである。地球市民は，以下のような資質，性格をもつものと考える。

　・グローバルな課題に関心を持ち，市民の一員として責任を担う意識をもつもの
　・自分自身と向き合い，同時に他者との調和の中で生きるもの
　・非暴力，非軍事による平和を願うもの
　・地球環境の保全に関心を持つもの
　・地球上のすべてのいのちの持続性に具体的に関わりたいもの
　・正義のないところに対抗するもの
　・個々人の持つ価値観，倫理観，人権を尊重するもの
　・多様性を認め，受容できるもの

　こうした流れに基づき，日本の YMCA におけるユース育成の具体的な方向性として，地球市民の養成計画が進められ，開発教育協会（DEAR）や学識経験者などとの連携によって，地球市民育成の土台となるカリキュラムがつくられた。地球市民を養成することを目的として，次の3段階の仕組みが構想された。

② YMCA 地球市民育成プロジェクトの背景

> ・第1段階　意欲のあるユースの発掘と推薦
>
> 　地球市民教育受講者選考の基準は，英語力，コミュニケーション能力およびボランティア活動を求める。また，国内研修の前に学ぶものとして，テーマとする事前資料を読み，自分ができること，地域での取り組み事例など調べておく。また，数人で一つのテーマを選び，そのテーマに関する状況をまとめ，国内研修で発表できるようにする。
>
> ・第2段階　国内研修カリキュラム
>
> 　グローバリゼーションがもたらす様々な問題の把握，グローバリゼーションに対抗するオルタナティブな価値観を打ち出し，個人としてできることを考え，実行に結びつく機会を提供していくことを目標とし，テーマとしては，多文化共生，平和，持続可能な社会，貧困と格差の4分野とする。事前研修を行い，国内研修（5日間程度）では，開発教育による国内外の問題の学び，アクションリサーチやフィールドスタディを通じた気づき，事後につながるレポートの作成を行う。
>
> ・第3段階　世界規模，アジア太平洋地域での研修に参加（世界共通カリキュラム）
>
> 　世界の状況を知り，他国の若者とのネットワーク作り，異文化の理解，グローバリゼーションの課題への気づき，テーマの絞り込み，自分が取り組む分野の課題の分析，話し合い，活動への提案，国を超えた活動や連帯のための工夫の検討できることが期待される。この研修を修了したものに対して，世界YMCA同盟より地球市民認証（Global Citizenship Award）が授与される。

　現在，日本YMCA同盟は上記の第1段階と第2段階を合わせてGCPのカリキュラムとし，国内で1年間のプログラムとして実施している。第3段階は，世界のYMCAからユースを募集し，研修や会議を開催している。具体的に紹介すると，2012年に開始した「チェンジ・エージェントプログラム」では，2年を一期として実施し，リーダーシップ開発，YMCA理解，グローバルイシューの理解，プロジェクト運営の手法などを学ぶカリキュラムを実施している。また，世界のさまざまな背景をもつユースがともに新しい社会をつくるための交流と連帯の機会として，グローバルギャザリングを行っている。

　これらの地球市民を育てるための資金として，日本YMCA同盟では，YMCAユースファンドという仕組みで募金活動を広げている。GCPの費用は，参加者または各都市YMCAが3割弱の負担をし，残りは日本YMCA同盟からの提供と，ワイズメンズクラブ3)からの補助により運営をしている。

175

第 10 章　YMCA における地球市民育成プロジェクト

表 10-1　YMCA 地球市民育成プロジェクト参加者数

	2009	2010	2012	2013	2014	2015	2016	2017	2018
都市 YMCA	15	10	16	23	23	6	13	12	10
学生 YMCA	9	11	17	12	7	2	6	3	5
ワイズメンズクラブ	0	0	0	0	0	0	1	0	0
一般参加学生	0	4	7	22	20	7	12	6	14
社会人	0	0	1	1	0	0	0	0	2
海外 YMCA	20	19	31	23	25	0	14	13	14
合　計	44	44	72	81	75	15	46	34	45

出典：YMCA 資料をもとに筆者作成

(2) これまでの実施状況

　GCP は，2009 年に実施スタートをして以来，2019 年度まで 9 回開催されている。これまでに，全国の都市 YMCA や 50 大学，専門学校より約 280 名のユース（学生，留学生，社会人）が参加し，「YMCA 地球市民認証」を受けている[4]。また，GCP の中心的プログラムとなる夏期研修には，海外（中国，韓国，台湾，マカオ，インドネシア，東ティモール，ベトナム，カンボジア，ラオス）からもユース研修生が参加している。各年度の参加者数は，表 10-1 のとおりである。

　イレギュラーなこととして，2011 年は，東日本大震災発生の影響により GCP は実施されなかった。また 2015 年は，プログラムの見直しを行うために GCP は実施されなかったが，アドバンスコースとして過去に GCP 研修生だった参加者を対象に，グループプロジェクト型のカリキュラムを実施し，15 名が参加した。アドバンスコースでは，「子どもの貧困」と，「歴史認識と平和構築」をテーマとして 2 つのグループが活動し，より主体的な計画とアクション，報告活動を行う場となった。

③ 地球市民育成プロジェクトの実際

(1) 1 年間のカリキュラム

　GCP に参加する研修生が，1 年間のコースを通じて各自の関心に基づく課題

③ 地球市民育成プロジェクトの実際

についての分析力，対話力，行動力を養うことを目標にカリキュラムが構成されている。年間スケジュールは表 10-2 のとおりであり，毎年 6 月の参加者募集から翌年 3 月の認証式までの期間で行われる。

　GCP の応募対象は，プロジェクトの趣旨に賛同し，地域に根差した活動に積極的に取り組むことを希望する 18 ～ 30 歳で，YMCA で活動経験があり（または関心がある），所属する大学 / 学校の指導教員，勤務先，YMCA いずれかの推薦が得られる者（日本国内で学ぶ留学生を含む）とされている。また，夏期研修中のセッションや研修生同士のコミュニケーションは，基本的に英語で行われるため，英語でのコミュニケーションに積極的に取り組むこと（目安として TOEIC550 点以上）も応募要件の 1 つである。

表 10-2　地球市民プロジェクト年間スケジュール

6 月	参加者募集・選考	アジア各国，各都市の YMCA，全国の大学からの参加者（研修生）決定。
7 月	レポート課題の取り組み／提出 オリエンテーション	参考図書や文献を読み，芽生えた問題意識や自分の考えをレポートにまとめる。 1 年間のプロジェクトと夏期研修準備，研修生顔合わせを実施。
8 月	夏期研修	海外からの研修生とともに，地球規模課題を学ぶワークショップやフィールドワークからお互いの学びや気づきを共有する。夏期研修後，それぞれの所属や地域で行う行動のアクションプランを作る。
9 月	アクションプランにチャレンジ	夏期研修で作るアクションプランにそって，各自で実際にアクションを起こして活動し，知見やネットワークを広げる。活動期間は 9 月～翌年 1 月。
11 月	中間ふりかえり	夏期研修後の活動報告，プロジェクトのまとめにむけて振り返りのレポートを作成，提出する。
12 月	フォローアップ ミーティング	リソースパーソン，チューター，スタッフからアクションプランの進め方のアドバイスを受ける。関東と関西の 2 か所で実施。
2 月	最終レポート提出	アクションプランの実施報告，1 年間の振り返り，プロジェクト終了後の展望についてまとめ，レポートを提出。
3 月	報告会・認証式	アクションプランの活動報告および，地球市民認証状の授与。

出典：YMCA 資料をもとに筆者作成

177

第10章　YMCA における地球市民育成プロジェクト

　GCP に参加が決定した研修生は，各自でレポート課題の取り組みを開始する。大きく2つの課題があり，1つ目は関心のある社会課題を取り上げて，その課題の背景と自分との関わりについてまとめることである。これに関連して，指定された課題図書 5) のなかから関心のある章についても気づいたことと考えたことを 3000 字程度で述べることである。課題の2つ目は，夏期研修に向けての自己紹介文の作成である。レポート課題から出てきた研修生の関心のある社会課題は，コミュニケーションの希薄化，多様性と共生，労働問題，平和問題，移民問題，児童の貧困問題，差別問題，食料問題など多岐にわたっている。続くオリエンテーションでは，研修生とスタッフ関係者が一堂に会し，YMCA のミッションへの理解を深めることをはじめ，ワークショップを通じてアジア地域での YMCA のパートナーシップや GCP 実施の背景にある歴史や社会，政治，経済的課題について，プロジェクトに参加する人たちともに学び合うことを確認する。

　夏期研修は，御殿場市にある国際青少年センター YMCA 東山荘にて1週間の合宿形式で実施され，海外からの研修生を迎え，参加関係者全体でプログラムが進められる。夏期研修の内容およびスケジュールは表 10-3 のとおりである。この研修の特徴は，国や地域，文化をこえて同じ目的をもつ研修生と多様なテーマにふれ，意見を交換するなどのグループワークを通じた相互の学び合いと，各自の関心に基づくアクションプランを研修生一人ひとりが作成するという個人活動が同時進行していく点である。それぞれの研修生が帰属する生活環境や人間関係をはなれ，いつもの自分とは「違う」ことづくめの要素に囲まれた空間に少なからず違和感を伴って参加していくことのプロセスに，それまでに感じたことのない共感や共通点，他者との新しい関係性を見いだす。あるいは，これまでの自分にとって「当たり前」として捉えてきたことが，「当たり前ではない」現実が世界に存在していることを知る。夏期研修は，予期せずして内面に沸き起こる「揺れ」の実感を個々人が受け止め，どのように解釈し，ほかの研修生と英語という共通言語でコミュニケートしていくかに向き合う時

178

③ 地球市民育成プロジェクトの実際

表 10-3　夏期研修の内容・スケジュール（2018 年度実施）

		1 日目	2 日目	3 日目	4 日目
午前			・オープニングセレモニー ・ホームグループシェアリング	フィールドワーク ・社会福祉法人青丘ふれあい館，ほっとスペースまな，在日大韓キリスト教会川崎教会 ・寿地区センター	・朝のつどい ・フィールドワーク振り返り ・メディアリテラシー
午後		国内研修生 オリエンテーション	・ワークショップ1 「世界がもし100人の村だったら」 ・フィールドワークのオリエンテーション	・グループリーダーミーティング	ワークショップ2 「パーム油の話〜地球にやさしいってなんだろう？〜」 ・グループアクティビティ
夜		・海外研修生到着 ・グループリーダーミーティング	・ウエルカムパーティ ・グループリーダーミーティング		国内研修生振り返り
		5 日目	6 日目	7 日目	
午前		・朝のつどい ・シェアリング マイストーリー ・アクションプランオリエンテーション	・朝のつどい ・アクションプラン作成／発表準備	チェックアウト 出発／解散	
午後		・ネイチャープログラム ・フリータイム	・アクションプラン発表会 ・クロージングセレモニー		
夜		・フリータイム ・グループリーダーミーティング	・カルチャーナイト		

出典：YMCA 資料をもとに筆者作成

間となる。その環境に身をおきながら，自らのアクションプランを作成することは，まさにグローバルな社会課題に一人ひとりが関わることのむずかしさと大切さに気づきながら取り組むことである。多様性に満ちた社会のリアリティに対してゆらぎを覚える個々人が，ともに地球規模の課題に向かうために超えるべきことは何であるのかを今の自分自身に問い，対話に参加し，行動していくことに軸をすえた学びのプログラムが夏期研修では実施されている。

　夏期研修後は，各自のアクションプランに基づき，それぞれが所属する地域や機関で実際にアクションを起こしていく期間に入る。次に続く 11 月の中間

第 10 章　YMCA における地球市民育成プロジェクト

写真 10-1　フィールドワークで学んだこ　写真 10-2　ワークショップでのディス
　と感じたことを絵にしてシェアする様子　　カッション
出典：双方とも日本 YMCA 同盟提供

　振り返りでは，研修生は夏期研修での活動報告と，アクションプランに沿って具体的に取り組んだことをレポートにまとめる。たとえば，課題に関連する文献やメディアの情報にアプローチしたことや，講演会などのイベント，ボランティア活動への参加を通じたネットワークづくり，また課題の当事者へのインタビューやテーマに関するワークショップを通じた政策提言づくりなど，実際に活動した内容がレポートに報告されている。いっぽうで，作成したアクションプランのゴールが大きすぎたことによる目的や計画の曖昧さに気づき，的確なゴールの再設定を行うことができたという研修生の振り返りのレポートもある。

　12 月に行われるフォローアップミーティングでは，関東と関西の 2 拠点で研修生がお互いのアクションプランの進捗や夏期研修以後の活動の様子を共有する。これは，個人で活動に取り組み，計画を進めていく際に行き当たった困難に対するアドバイスを行うことや，研修生のモチベーションの持続を促すために，夏期研修でともに合宿した仲間や YMCA 関係者と士気を高め合う場として実施されている。研修生全員が最終的な報告会に参加し，地球市民認証を受けるまでのプロセスをサポートすることに重点がおかれて実施されている。

　1 年間のプロジェクトでの取り組みのまとめとして，研修生はアクションプランに基づいた活動全体の報告と振り返り，プロジェクト終了後の展望につい

てまとめた最終レポートを作成し提出する。GCP の最終的な締めくくりとして行われる報告会・認証式では，国内研修生と GCP スタッフ関係者が一堂に会し，各自のアクションプランの取り組みの発表が行われ，研修生が取り組んだテーマに今後も継続的に関心を寄せ，アクションを起こしていくことの期待とともに，日本 YMCA 同盟から地球市民認証が授けられる。

（2）運営体制

　約 1 年間をかけて実施されるこの GCP の企画と運営は，YMCA の担当職員（2 名）が中心となっているが，プロジェクト運営にはさまざまな分野からの協力者が間接的，直接的に関わっている。その 1 つが，リソースパーソンであり，国際協力機関や NPO に所属するスタッフや大学教員が研修生育成にたずさわっている [6]。リソースパーソンは，研修生が夏期研修前に提出した課題レポートに対する助言やコメントを担当し，夏期研修中のレクチャーやワークショップのサポートを行う。フォローアップミーティングや報告会に参加し，研修生の活動プロセスの段階に沿ってプロジェクトの運営全体を支える役割がある。もう 1 つ重要な存在として，GCP の過去参加者がチューターとして研修生を支える役割を担っている。チューターは自己の経験を活かし，オリエンテーションでのグループワークや夏期研修中のディスカッションでのファシリテーションやアクションプランづくりのサポートなど，メンター的存在として，研修生に近い立場で寄り添う協力者である。また，各セッションや夏期研修の日課としてキリスト教にふれる時間やワーシップ（礼拝）の場面が組み込まれており，リソースパーソンの一人でもある大学チャプレンが，海外の参加者からの発信や音楽的要素を取り入れた礼拝を行うなど，参加する一人ひとりがキリスト教に基づく一体感を実感する場づくりがなされている。

（3）テーマの設定とアクションプランの作成

　一連のプログラム終了後に提出される最終レポートには，研修生各自のテー

第 10 章　YMCA における地球市民育成プロジェクト

マ設定，アクションプランでの取り組みや経験，そこから気づいたこと，考え
を深めたことや成長したことがまとめられている。最終レポートに記述された
内容からいくつかの事例を紹介する。

　2018 年の西日本豪雨の被災地で支援活動に参加した研修生（都市 YMCA）は，
被災者に心の拠り所やストレスが軽減できる「居場所の提供」をテーマとし，
アクションプランとして，被害が大きかった倉敷市真備町で子どもたちに向け
た活動を行った。実際の現場に足を踏み入れることによって，メディアからは
みえない人々の不安を実感し，継続的な支援を必要とする地域が多くあるこ
と，また被災した人々と地域で力を合わせて前に進む思いを共有した経験か
ら，困難や不安を目の当たりにしてあらためて他者の存在に目を向けた支え合
いの視点が生まれることに気づいたことを述べている。また，夏期研修中の
フィールドワークで，ホームレスや日雇い労働者からの話を聞くことを通じ
て，災害のみならず，社会には困難をかかえている人，苦しんでいる人が多い
ことに気づき，居場所を提供することへの思いが強くなったとしている。

　LGBTQ（性的マイノリティ）7）について正しい認識を広めることをテーマに，
アクションプランを計画した研修生（一般参加学生）は，国内外のセクシャルマ
イノリティについての知識を深めるとともに，当事者の声を集めることに取り
組んだ。その背景には，夏期研修でマイノリティの人々との出会いから，自
らが声を上げたくても社会から否定され，叩かれてしまうことへの恐怖など
で声を上げられないことに気づき，そうした状況に対して何かアプローチし
ていきたいという思いになったこと，また自分自身が LGBTQ の当事者であ
ることを自認して受け入れるまでに 5 年もの歳月を要したことがあったと言及
している。当事者へのヒアリング活動を通じて，もっと活動を広めてほしいと
いう声を多く受け，差別を受けている当事者は自分の意見をもっていないの
ではなく，その意見を発表できる機会がなかっただけではないかと感じてい
る。同時に，当事者に向けた差別は無知であるがゆえに起こってしまうと考え，
LGBTQ についての知識と当事者の声を冊子にまとめ，学内配布を行っている。

182

平和教育をテーマとした研修生（大学 YMCA）は，日本の加害の歴史から日韓関係について学ぶ自主ゼミを開いた。YMCA の日韓平和巡礼のなかで，「今の若者の心に戦争の惨めさが伝わらない，平和の話をすればするほど平和嫌いな若者が増える」という，ひめゆりの語り部の言葉にふれた際に，自分自身も「また戦争の話ね，正直聞き飽きた」と思っていた一人であることを認識し，アクションプランの実施に至った。今まで知らずに生きてきた日本の加害の歴史にふれて，平和の大切さ，戦争は二度と繰り返してはいけないということの本当の意味を心の底から感じ取れたことから，日本の被害の歴史をもとにした教育だけが平和教育かという疑問や，日韓関係の問題を変えていくために加害の歴史から学ぶことの重要性を感じている。

　また，夏期研修中の出来事から内省している研修生（大学 YMCA）もいる。アクションプランを作成する夜の時間になった際に，一人の研修生が自分の前で泣き出してしまったことがあり，その研修生がどのようにアクションプランにまとめるかわからなくなってしまったことに対して，話を聞き，何とか形にすることを試みた。しかしながら，他者がまとめきれていないものを自分が手伝うことのむずかしさや限界を感じたことから，「社会のなかでアクションを起こそうと一人で取り組むことはとても勇気がいること，仲間を増やすことは重要であるが，他者のなかにあるアイデアを理解し，一緒に形にすることが自分は苦手であることに気づいた」とし，それ以降，「話を聞き，理解し，一緒に形にするということを意識して行動することで多くのことを得ることができた」と自己の成長について言及している。

④ 地球市民育成プロジェクトの評価

（1）研修生の学び

　GCP には，その学習成果を客観的にはかるための評価基準や指標はつくられていないが，毎年プロジェクト終了後に研修生の振り返りと関係者による総括および今後への検討を重ねながら運営を継続している。研修生の学びについ

第 10 章　YMCA における地球市民育成プロジェクト

ては，最終報告としてのレポートや報告会の場面で把握を行い，関係者間では
その手ごたえは感じてきたものの，学びの成果としてどのように YMCA 内外
に示すことができるのかという課題もある。

　橋崎頼子・佐々木美都 (2015) は，グローバル教育の分野において，実践に
伴う学習者の変容などのミクロな研究が十分になされていないという課題意識
に基づき，2014 年度の GCP を対象として，研修生の学びにフォーカスした調
査と分析を行っている。GCP の目的を整理（表 10-4）したうえで，夏期研修に
おける参加者の学びの特徴とそれに影響を与えている要因，アクションプラン
実施過程の学びの特徴などを考察している。

　まず，夏期研修における参加者の学びの特徴とそれに影響を与えている要因
について，研修生の夏期研修中の振り返りワークシートから，およそ，「地球
課題の認識」「多角的視点」「市民としての責任感・行動への意思」「他者との
関係」の 4 点に学びの特徴が分けられるとし，それらの学びに影響を与えた要
因として，ワークショップとフィールドワークに着目し，ワークショップの内
容とファシリテーターの働きかけや参加者同士の話し合いが自己や他者の学び
の深化を促していると分析している。これらに加えて，「自由時間での話し合
いが学びに影響を与えた」と述べている研修生が一定数いることについて，研

表 10-4　YMCA 地球市民プロジェクトの目的

知識・理解 思考・判断	・世界・地域で起きていることに疑問を持ち，考える（敏感に感じ取り，探求する） ・地球環境と人間の関係を理解する ・アジア地域におけるグローバリゼーションの影響を理解する
スキル	・変化の担い手として必要な技能を持つ
価値・態度	・市民としての意識，責任感を持つ ・キリスト教に基づく価値観や使命感に共鳴する ・地球市民の要素（人権，多文化共生，持続可能性，平和を尊重する態度）に共鳴する ・より良い社会をつくるための具体的な行動への意欲を持つ ・アジアにおいてネットワークをつくり，市民として連帯する

出典：橋崎・佐々木（2015）

４ 地球市民育成プロジェクトの評価

修生に簡単なインタビューを行った結果，自由時間での関係づくりは，ワークショップや話し合いの場面でも安心して自分の本心を出して会話できることにつながると感じていることがわかった。そのことから，グループワークや自由時間を通して，互いの関係性を深め，共同で活動することの意義などを感じていることも学びを促す要因のなかに位置づけられている。

　つぎに，アクションプラン実施過程の学びの特徴について，まず，GCP 開始前から経験的あるいは理論的な考察を通して，すでに何らかの問題意識をもっていたことに基づいて，アクションプランの作成をしている研修生が多いことがあげられている。またアクションの内容については，段階①「個人で課題について調べる」，段階②「個人で既存の活動に参加する」，段階③「個人または他者と共に企画・発信する」とおおまかに区分したうえで，段階③に達した者とそうでない者のちがいの要因として，研修生が計画したアクションを支援してもらえる場やネットワークがあるかどうかという点があることを指摘している。さらに，アクションを通した気づきと今後のビジョンに関しては，最終レポートのなかで，研修生の半数以上がアクションプランへの関わりと自分の生き方や将来のキャリアと結びつけて今後のビジョンを述べていることから，GCP での学びが研修生の価値や態度面への影響も大きい点が示されている。

　学校教育の現場など，グローバル学習における成果の捉え方，評価の指標や方法が多様化していくなかで，こうした GCP 参加を通じた学びや人間形成への影響を，今後どのように可視化し，評価を行っていくのか，またそれは何・誰のための評価かという点については，関係者はじめ，YMCA の内部においても議論と検討を要する課題である。前述の調査結果から明らかになったことや，それらが示すプログラム内容との相関関係については，GCP の評価を設計していくうえで重要な要素を内含していると考えることができる。

185

(2) カリキュラム改善に向けた活動

GCP を構成する各コンテンツや夏期研修内容の工夫，研修生への関わりと支援のあり方について，それまでの GCP カリキュラムや取り組みの見直し，今後に向けた改善点の提案など，スタッフ側による活動が 2015 年に行われた。プログラムの改善を導くことを目的とした評価活動として，プログラム評価理論[8] に基づき，実践者がプログラムを実施する「手段」と「目的」をつなぐ理論（ロジックモデル）を明らかにすること試みるワークショップを実施した。

参加者は YMCA 職員 3 名とリソースパーソン 3 名であり，外部からの評価ワークショップファシリテーター 1 名と記録者 1 名（筆者）によって行われた。テーマは，① GCP がめざす「ゴール（目的）」とは何か，②そのための「手段」とは何かの 2 つである。またワークショップの対話のなかで，GCP はどのようなユースを参加者のターゲットとしているプログラムかということについての認識を共有し，明確化する作業も行った。

進め方として，2 つのテーマについて参加者各自が複数のカードを作成し，ファシリテーターが参加者の意見交換と合意を図りながらそれぞれの内容を全員で共有してカードを整理した。ワークショップ中の参加者間の議論と対話の記録を作成し，カードの意味内容やカードとカードとの関係性に関する内容を整理した。参加者はプログラムの「ゴール」とそこに向かう一連の実践プロセスである「手段」について考察したうえで，現状の課題を共有し，プログラムの改善を導くための具体的な要素を検討した。ワークショップ当日に検討されたカードは図 10-1 のとおりである。

各々から出されたカードをカテゴリーごとに並べ，「ゴール」と「手段」の因果関係を視覚化するプロセスで参加者間の意見交換がなされた。YMCA のミッションや GCP 実践の土台となる考え方についての対話が活発になされ，各人のユース育成に対する価値観や思いなど，これまであえて言葉にして相互に確認される場面もなく，ほぼ暗黙の了解とされてきたことを言語化する機会となり，プログラム関係者間の認識を確認する場となった。

4 地球市民育成プロジェクトの評価

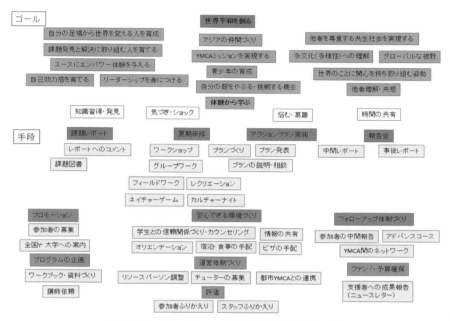

図10-1　ワークショップで検討されたカード
出典：筆者作成

　また，GCPが参加者のターゲットとするユース像や，研修生への関わりや支援のあり方についても，各々の意見のちがいや，認識の曖昧さがあったことも明らかになった。ターゲット層の設定は今後のプログラムのコンテンツや研修生への課題設定，フォローアップを検討していくうえでの指針となった。さらに，「ゴール」と「手段」の因果関係を結ぶロジックの検討場面では，GCPを運営する現場において，複数の活動が同時並行かつ循環的に行われ，複雑に関連し合いながら取り組まれているという実感から，「手段」が個別の「ゴール」へと直線的な因果関係が成り立つように単純化することはできないのではないかという見解が参加者からあがった。

　このような実践者参加型の評価ワークショップの場をもつことは，実践を対象化して意味づけ，関係者間の対話を通じて，各人の認識のちがいや共通点に

第 10 章　YMCA における地球市民育成プロジェクト

ついて確認し相互理解を深めることにつながることがわかった。プログラムを
動かしている多様な要素の関係性を捉え，何をどのように意図して行うことが
具体的な改善に向かうことなのかを，関係者が確認しながらカリキュラムを実
行していくためのプラットフォームとして機能することが考えられ，形成的な
評価が可能になる。

　この 2015 年に行ったワークショップでの結果をもとに，GCP の改善点が具
体的に検討され，2016 年以降のカリキュラムに徐々に反映されてきている。
とくに，夏期研修中のプログラムコンテンツの内容，スケジュール変更や，研
修後のアクションプラン実行に伴うフォローアップとして研修生への関わりと
支援の継続的に行うことによって，よりよいプログラムづくりが関係者間で実
践されつつある。

　YMCA が日本で誕生して以来，140 年の歴史のなかで培ってきたグループ
ワーク，国際理解教育，地域貢献におけるエッセンスを盛り込みながら，今日
のグローバル化しつづける社会のなかで生きる若者たちのさまざまな関心を受
け止め，かれらの行動を促すプログラムをつくり続けている。

　異なる国や地域，学校や生活環境から集まった一人ひとりの若者が，プログ
ラムでの学びと出会いを通じ，今を生きる自分がこの世界の未来とつながって
いることを見いだす場が形成されていく。それは，YMCA の SDGs への取り
組みそのものであるといえる。

[秋元 みどり]

※本章執筆にあたって，日本 YMCA 同盟および YMCA 地球市民育成プロジェクト担当ス
タッフ，関係者から貴重な資料と情報の提供を受けた。記して感謝申し上げる。

注
1) YMCA では 2017 年に新しくブランドコンセプトを取り決め，そのなかで，「ポジティ
　ブネット」（日本の YMCA による造語．互いの存在や個性を認め合い，高め合うことの
　できる，善意や前向きな気持ちによってつながるネットワークを意味する）をグローバ

ルな基盤を活かして広げ，希望あるより豊かな社会を創ることをビジョンに掲げている。
2）2008 年 7 月アジア・太平洋 YMCA 同盟で提案された内容。
3）ワイズメンズクラブは，1920 年米国オハイオ州トレド市の YMCA に奉仕する成人会員の昼食会として誕生したあと，北米とカナダを中心に国際的なネットワークのもとに奉仕と交流，親睦や啓発を行う団体として全世界に広がった。
4）日本人研修生のみの人数。途中で研修を中止した人数を除く。
5）課題図書は地球市民のテーマに関連した内容で毎年指定される。2018 年度は，西あい・湯本浩之編著 (2017)『グローバル時代の「開発」を考える―世界と関わり，共に生きるための 7 つのヒント』明石書店。
6）2018 年度は 17 名のリソースパーソンが関わった。筆者は 2015 年度よりリソースパーソンを担当。本書に執筆している田中治彦，中村絵乃もリソースパーソンである。
7）リズビアン，ゲイ，バイセクシャル，トランスジェンダー，クィアの略。LGBTQ は性的マイノリティを総称する用語。
8）プログラム評価とは，根拠に基づく実践の考え方をもとにした実践評価の方法。実践を対象とした研究結果から収集されたデータを統合し，それらに共通する「効果的な実践の根拠」を足がかりに，プログラムを評価する方法である（安田・渡辺 2008）。

参考文献

田中治彦・三宅隆史・湯本浩之編 (2016)『SDGs と開発教育―持続可能な開発目標のための学び』学文社

田中治彦 (2018)「社会教育史のなかの YMCA」『YMCA 史学会会報』No.74

日本 YMCA 同盟編 (2008)『YMCA スタディシリーズ　若者に期待する "市民力"』日本 YMCA 同盟

橋崎頼子・佐々木美都 (2015)「YMCA 地球市民育成プロジェクトにおける参加者の学び」『開発教育』62 号，p.114-124

安田節之・渡辺直登 (2008)『臨床心理学研究法　第 7 巻プログラム評価研究の方法』新曜社，p.45

湯本浩之・田中治彦・近藤牧子 (2017)「開発教育アーカイブ研究会報告― DEAR 設立に至る開発教育のルーツを探る II」『開発教育』No.64，p.134-140

YMCA 史学会編集委員会編 (2003)『新編日本 YMCA 史』財団法人日本キリスト教青年会同盟「日本 YMCA 同盟」https://www.ymcajapan.org/（2019 年 8 月 15 日最終閲覧）

終　章

SDGsに向けたESD実践を振り返る

　本書は，国連 ESD の 10 年の時代に培われた理論と実践の蓄積をもとに，SDGs を教育現場で扱う際の内容・方法・カリキュラムについて論じたものである。

　序章，第 1 章では，SDGs の 17 目標についての理解を深め，「誰一人取り残さない」ことの意義や，SDGs の背景にある基本的な理念（公正，共生，循環，参加など），その学習の必要性と重要性を取り上げた。

　第 2 章では，文部科学省の新しい学習指導要領（2017 年告示）に示された「持続可能な社会の創り手」（前文）の育成とそのための新しい学力観（知識・技能，思考力・判断力・表現力，学びに向かう意欲）の転換の意義についてふれた。同時にそれらの達成のためには，社会に開かれた教育課程や教科横断的なカリキュラム，およびそのマネージメントが求められていることについてもふれた。

　SDGs の目標の根底にある社会変容の課題に応えるためには，既存の教育ではなく「教育の変容」が求められている。第 3 章では，これを受けて，SDGs の学習を具体的に進めていくための学習者像や学習の目的，内容，方法，SDGs の 17 目標との関連などカリキュラム・デザインを提案した。SDGs の学習では，誰が，誰と，何を，どのように，どう学ぶのか，その学びの成果をどうみとるのかといった学習の変容を意識したカリキュラム・デザインが求められる。

190

そのために，第4章では，従来の＜教える（教師）－学ぶ（児童・生徒）＞といった一方的関係ではなく，ともに学ぶ，学びの同行者といったような意味合いをもつ，ファシリテーターのあり方やファシリテーションの意義について述べ，第5章では，そのような学びの成果についてどのように評価するのか，学校のみならず社会教育において，また短期（学校での学習単元や学年の学び）のみならず，生涯にわたって「学びに向かう意欲」の獲得や学びの変容を看取する視点の重要性と多様性についても提案した。

終章では，これらを受けて，実践に供された，中学校，高等学校，大学，社会教育でのSDGs学習の取り組みについて，振り返っていきたい。

① ESD を継承する SDGs 学習

SDGs学習はこれまでのESDを継承するものである。第3章でもふれたように，日本のユネスコスクールなどで実践されてきたESDは，6つのカリキュラム構成概念（多様性，相互性，有限性，公平性，連携性，責任性）が抽象的すぎて，環境や地域，国際理解，防災といった具体的な学習課題やトピック，各教科の内容と関連づけにくかった。しかし，SDGsが登場して，17の目標とトピックが具体的に提示しやすくなり，それらの相互連関性もより具体的なった（第3章図3-4，54頁参照）。

また，SDG4.7にグローバルシティズンシップが明記され，具体的な学習者像も提示しやすくなった。さらには，SDGsの学習を通しての自己変容，社会変容の課題も明確になった。すなわち，学習の進め方やファシリテーション，評価のあり方もふくむ変容的学習のためのカリキュラム・デザインが可能になったといえる。ESDの6つのカリキュラム構成概念もこのようなプロセスを経て探究的に獲得されるものと考えればよくなった。

191

終　章　SDGs に向けた ESD 実践を振り返る

② グローバルシティズンシップ科は特別な教科か

　第 6・7 章は，文部科学省の「グローバルシティズンシップ科（以下，GC 科）」
の研究開発指定（2015 ～ 2018 年）を受けた公立中学校（上尾市立東中学校；以下，
上尾東中）の取り組みである。上尾東中の SDGs 学習の特色は，いくつかある。

① GC 科が，国立大学の附属中学校ではなく，普通の公立中学校で文部科学省の研究開発
　校指定をうけたものであること。
② SDGs の学習をグローバル・シティズンシップの育成という明確な学習者像からデザイ
　ンしていること。それによって環境や地域の学習が主であった従来の ESD を継承する
　学習事例を示したこと。
③ GC 科は，教科統合型のカリキュラム（第 3 章図 3 － 5）ではあるが，特別な教科ではなく，
　「総合的な学習の時間」という法定の教育課程内で行われた。したがって，基本的には
　担任が実施を担当したこと。
④ それゆえに，すべての学校教員が関わる学校全体の取り組み（ホールスクール・アプロー
　チ）として実践されたこと。それによって修学旅行などの特別活動も GC 科の観点から
　見直されたこと。
⑤ 4 年間という期間にわたっていること。つまり少なくとも中学 1 年生が 3 年間，GC 科
　で学び卒業する期間であり，中学校 3 年間を見通したカリキュラムの創造と改善を必要
　としたこと。
⑥ 通常の公立中学校での実践ゆえに，国立大学附属中学校と異なり研究開発の経験が少な
　い教員が多く在籍し，かつ，管理職も含めて教員の異動が毎年あり，学校全体としては，
　研究開発の趣旨の理解に温度差がつねに存在していたこと。
⑦ それゆえ，管理職や研究推進リーダーだけではなく，教員一人ひとりのカリキュラム・
　マネジメントの力量が問われたこと。
⑧ GC 科のカリキュラムづくりにおいて，外部の有識者の指導助言を受ける体制が，国立
　教育政策研究所や大学の学校教育の専門家だけではなく，認定 NPO 法人である開発教
　育協会や大学の社会教育の専門家と協働していたこと。
⑨ それによって，参加型学習をはじめとする授業の進め方やファシリテーションのあり方，
　社会に開かれた教育課程の知見を積極的に得ようとしたこと。
⑩ 生徒の学びの評価に積極的にチャレンジし，パフォーマンス，ポートフォリオ，ルーブ
　リックなど多くの評価のあり方を導入，実践したこと，それに加えて，⑥，⑦の状況を
　ふまえ，教員の変容に関してもデータが測定されていること。

　以上のように，一公立中学校での GC 科の実践とその成果は学校内外に大き
なインパクトをのこしたのである[1]。

　もちろん課題もあるだろう。1 つ目は，既存教科への波及である。修学旅行

などの学校行事は GC 科の実践によって改善がみられたが，既存教科について
はどうであったか。生徒は「総合的な学習の時間」（毎週金曜日の２時間）にお
ける GC 科の学習を楽しみにしていたことは第６・７章に示されたとおりであ
るが，実施を担当した担任の既存の専門教科，たとえば社会や英語，国語への
学びの転移はみられたのか。生徒にとっても，教師にとっても，既存教科の学
習は従来からどう変化したのか，しなかったのかという課題がある。

　２つ目は，上尾東中の研究開発の成果の，上尾市のほかの公立中学校への波
及の課題である。GC 科は，上尾東中でしかできない特別な教科ではなく，総
合的な学習の時間における実施であるために，ほかの中学校への波及は期待で
きる。しかし，予算措置や教員研修など，ほかの中学校への波及については，
教育委員会，各学校ともこれからの課題といえる。

③ なぜ海外フィールドワークが SDGs 学習になるのか

　第８章の実践は，SGH アソシエイト校に指定された私立の大妻中野中学校・
高等学校（女子校；以下，大妻中野中高）の SDGs 学習の実践である。大妻中野
中高の SDGs 学習の特色をあげておこう。

① SGH の目標でもあるグローバルリーダー（女性）の育成という，めざす生徒像（学習者像）
　が示されている。しかし，グローバルリーダーには社会的責任が伴うという「ノブレス・
　オブリージュ」の育成も同時に行っている。
② 外国語の学習を英語習得に目的化せずフランス語やタイ語など複言語も学習し，言語の
　運用とコミュニケーションの重要性を認めている。
③ 取り上げられた実践は，教科外の体験学習であり，教科超越型カリキュラムにあたるが（第
　３章図 3-5），海外研修のあり方としては交流や親睦だけではなく，SDGs の視点からのグ
　ローバルな社会課題の学習，スタディツアーの学習である。その際，SDGs17 の「パートナー
　シップでの目標達成」をふまえ，海外の同世代の若者との協働を重視している。
④ それによって，タイの NGO，同世代の中学生，高校生との協働，プロジェクトの共有，
　学習者間の交流・変容をめざしている。
⑤ ３年以上にわたる海外体験学習の実績は，SGH 校における海外研修カリキュラムの１つ
　の事例を示している。

　以上，要するに，大妻中野中高の SDGs 学習は，SGH 校の課題探究的な研

終　章　SDGs に向けた ESD 実践を振り返る

修活動というよりも，環境問題の課題解決と言語の壁を乗り越える演劇的な手法をもちいた，同世代の現地の高校生との協働のプロジェクトにあるといえる。

　課題として指摘するとすれば，学校の海外研修の取り組みとはいえ，参加者が限定的であることである。参加者一人ひとりは，深く学び，また帰国後の学びへの意欲も継続するとはいえ，それら（参加者の学びや体験）を，参加していない生徒や学校全体のものにしていくプロセスが求められる[2]。

4 競争か連帯か―地球市民とは誰か

　第 9 章は上智大学における SDGs にかかわった授業科目の改善に関する実践である（以下，上智大）。第 10 章は，日本 YMCA 同盟が実施する地球市民育成プロジェクトの実践である（以下，YMCA）。両者とも SDGs に関わる実践が，学校教育だけではなく，高等教育や成人教育においても可能であることを示すものである。その意味で，なんのために，なぜ，SDGs を学習するのか，学習者一人ひとりの問いと学びが重視される。

　上智大の実践は，キリスト教大学であるがゆえのミッションとも関わって実施された初年次教育における教育イノベーションプログラム（2014-2016）の一環である。講義型と参加型を組み合わせた講義科目の開設とその効果測定を，講義科目「多文化共生社会と ESD・市民教育」において実施し，多様性，公正，共生・包摂といった概念の獲得とその探究，行動へのプロセスを調査したものである。

　詳細は第 9 章にゆずるとして，多文化，ESD，市民教育について，知識の構造化はみられたが，態度面，意識面での効果は顕著ではないこと。教授者が期待するようには，ストレートに課題の探究，行動に結びついていかないこと。グローバルな課題では，直線的な学習効果よりも「踊り場」のような現象があることが知見として得られている。

　YMCA の実践は，地球市民の育成という明確な目的のもと，10 年にわたっ

194

4 競争か連帯か――地球市民とは誰か

て継続されてきたプロジェクトである。アジア太平洋の多国籍にわたる若者が，自らの行動課題，プロジェクトをたて，課題探究，問題解決に取り組んだプロセスを評価するものである。その意味で，大学での初年次教育では，直接結びつかなかった（踊り場がある），グローバルな社会課題とその解決への行動をプロジェクト学習の方法によって明らかにしようとするものである。

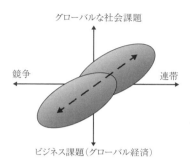

図11-1　地球市民の振幅

両者とも，グローバル化やグローバルな社会課題をどう捉え，一人ひとりの学びの目標をどこに設定し，どう行動に移していくかという成人教育の課題を示しているともいえる。上智大における初年次の学生が直線的に行動に結びついていかず，課題の探究と行動の間には踊り場があるというのも，YMCAの実践のように，自ら課題を設定し，解決に向けて行動するというプロジェクト型の学びを獲得しようとしているのも，地球市民が競争と連帯のあいだで，ビジネス課題とグローバルな社会課題の間で，振幅があるからではないだろうか（図11-1）。

SDGsの各目標は，グローバルな社会課題とビジネスの課題の両方の意味がある。たとえば，SDG8の「働きがいも経済成長も」では低賃金労働にかかわる開発問題ともとれるし，企業の経済成長の課題ともとれる。SDG12の「つくる責任，つかう責任」も，児童労働を伴う製品やその消費に関わる問題ともとれるし，企業の製造物責任といった企業の社会的責任の課題ともとれる。第1章で筆者が指摘するように，SDGsの学習の実践においては，グローバルな社会課題とビジネスの課題，連帯と競争という振幅の一端をめざすか，それとも，振幅の幅を狭くし，両者の重なるところをめざすのか，そのデザインが問われている（第1章参照）。

［藤原　孝章］

終　章　SDGs に向けた ESD 実践を振り返る

注

1）筆者は，イギリスのシティズンシップ科が誕生したとき（2002 年）に，政府や NGO などが開発し，プロジェクトを実施した「get global！」の実践を思い起こす。上尾東中の実践はその日本版をみる思いである。藤原孝章（2006）「アクティブ・シチズンシップを育てるグローバル教育─イギリス市民性教育 Get Global! の場合」同志社女子大学社会システム学会『現代社会フォーラム』第 2 号，p.21-38 ／藤原孝章（2016）『グローバル教育の内容編成に関する研究─グローバルシティズンシップの幾重性をめざして』風間書房に所収。

2）第 8 章でもふれられているが，筆者も，大妻中野中高が連携している現地 NGO のチェンマイ YMCA と協働し，大学生の海外体験学習を公的な授業科目として実施している。大妻中野中高とは現地でもリフレクションなどの時間を共有することもある。

資料編

SDGs 学習の教材
1. ワークショップ版　世界がもし100人の村だったら
2. 新・貿易ゲーム～経済のグローバル化を考える～
3. パーム油のはなし～「地球にやさしい」ってなんだろう？～
4. 「援助」する前に考えよう～参加型開発とPLAがわかる本～
5. スマホから考える世界わたしSDGs
6. 写真で学ぼう！地球の食卓　学習プラン10
7. もっと話そう！エネルギーと原発のこと
8. 日本と世界の水事情　水から広がる学び　アクティビティ20
9. 豊かさと開発―Development for the Future

編集協力：（認定NPO）開発教育協会　八木亜紀子

1．ワークショップ版　世界がもし100人の村だったら

■制作・発行：開発教育協会
■発行年：2003年（初版），2016年（第5版）
■対象：小学生以上

「ワークショップ版　世界がもし100人の村だったら」は，アメリカ同時多発テロを契機に注目を集めた同名のエッセイ本『世界がもし100人の村だったら』（池田香代子再話，マガジンハウス，2002年）の内容を参加体験型の教材にしたものである。この教材は世界の人口を100人に換算して，人口や言語，所得などを簡単な数字であらわすことによって，世界の現実を理解し，この世界における自分の立ち位置を体験的に理解することをねらいとしている。

この教材は次のようなワークで構成されている。
1．世界の人口（男女比，年齢比などのクイズ）
2．大陸ごとに分かれてみよう（面積と人口密度の体験）
3．世界の言語で「こんにちは」（言語の多様性）
4．文字が読めないということ（非識字体験）
5．世界の富は誰がもっているの？（富の分配）

これらのワークの応用の仕方についても詳しく解説している。たとえば，ワークを体験したあとにエッセイを全文読み，ディスカッションしたり，CO2の排出量を大陸ごとに可視的に理解することにより，地球温暖化について理解を深める，などの応用例があげられている。

資料編

２．新・貿易ゲーム～経済のグローバル化を考える～

■制作・発行：開発教育協会・かながわ国際交流財団
■発行年：2001 年（初版），2006 年（改訂版）
■対象：中学生以上

本教材は，基本編と応用編からなる。基本編では，自由貿易の基本的な仕組みを体験する。「資源も技術もある国（先進国）」，そして「資源があり，技術がない国」「資源がなく，技術がある国」（中進国），さらに「資源も技術もない国」（開発途上国）の４つのグループに分かれる。そして，異なった条件のもとで「製品」を生産し，それらを取引することで生ずる格差を体感する。

このゲームは，世界の貿易を疑似体験することによって，①貿易を中心とした世界経済の基本的な仕組みについて理解すること，②自由貿易や経済のグローバル化が引き起こすさまざまな問題に気づくこと，③南北格差や環境問題の解決に向けて，国際協力のあり方や私たち一人ひとりの行動について考えること，をねらいとしている。

応用編では，経済活動から生じる諸課題を「国づくり，IT，企業の海外進出，産業廃棄物，国際機関，累積債務，フェアトレード」の７つの要素から考えることができるように構成されている。

本教材は，もともとは 1982 年に，イギリスの代表的な開発 NGO の１つクリスチャン・エイドによって出版され，開発教育の代表的教材として欧米各国で知られるようになり，日本でも広く実践されるようになったものである。

３．パーム油のはなし～「地球にやさしい」ってなんだろう？～

■制作・発行：開発教育協会
■発行年：2002 年（初版），2018 年（改訂版）
■対象：中学生以上

本教材は，普段私たちがよく口にするカップラーメン，アイスクリーム，ポテトチップス，チョコレートなどの食料品から，洗剤・化粧品などの日用品まで，私たちの生活に身近な製品の原料になっているパーム油を取り上げた教材である。パーム油をめぐる現状をみていくなかで，生産国で起こっている問題に気づき，その問題の構造を理解することができる。そして，私たちの消費生活とのつながりを認識し，問題解決に向かって私たちが何をできるかを考える。

一連のアクティビティ経験を通して，生産国の開発問題，環境問題，労働問題，マイノリティの権利の問題などといった問題が互いに関連していることやそれらの諸課題と自分たちの生活が密接につながっていることを考えさせられる。

本教材のメイン教材は，開発の当事者の立場をロールプレイで体験する「油ヤシ農園開発計画」である。このロールプレイでは，実際に油やし農園を開発すると発生するであろう，環境と開発，さらに人権をめぐる複雑な問題状況が設定に反映されている。農園をめぐるいろいろな立場に立って議論することで，問題の複雑さを容易に理解することができる。

SDGs学習の教材

4．「援助」する前に考えよう～参加型開発と PLA がわかる本～

■原案・原作：田中治彦　　■発行年：2006年（初版），2014年（改訂版）
■発行：開発教育協会　　　■対象：中学生以上

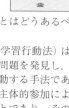

本教材は，伝統的な援助観を崩しながら，国際協力の本質に迫る教材である。この教材は，タイの貧しい村にホームステイして，その後教材を寄付する活動を始めた「アイ子」さんの活動の是非を問うことから始まる。よく行われているチャリティー型の支援活動が，実は援助される村の社会にさまざまな波紋を起こしていることを知る。

第Ⅰ部では，5つのワークを通じて「慈善型」「技術移転型」と分類される，従来主流をなしてきた国際協力のあり方の問題点を探る。また，プロジェクトを実施する際に行われる村落調査を実際にロールプレイで体験して，そのむずかしさと課題とを理解する。また，援助される側の立場に立って，「援助」とは何かを考える。そのうえで，有効な国際協力のかたちとはどうあるべきなのかを追求する。

第Ⅱ部で扱う PLA（参加型学習行動法）は，住民が自らの手で自分たちの問題を発見し，その解決に向けて学習し，行動する手法である。参加型開発とは，住民の主体的参加による村づくり・まちづくりのことであり，そのための学習方法として PLA は日本と途上国の区別なく共通するところが多い。PLA は，地域の課題を具体的・構造的に捉え，解決への道筋を計画・実行・評価するという点において，アクションリサーチとともに「地域を掘り下げる」学習の有効な方法でもある。

5．スマホから考える世界・わたし・SDGs

■制作・発行：開発教育協会　　■発行：明石書店
■発行年：2017年　　　　　　　■対象：中学生以上

本教材は，日本を含む世界各地で普及しているスマートフォン（スマホ）を題材に取り上げることで，学習者が責任ある消費者として，また，より公正な社会をつくる市民としての意識を高めることを目的としている。

教材には10のワークが収められている。前半では，スマホ生産と消費の基本的情報やサプライチェーンを押さえつつ，スマホをめぐる「低価格化」「軽量化・多機能化」「大量生産・大量廃棄」「グローバル化」などのキーワードを学ぶ。その後，原料の1つ「タンタル」に焦点を当て，産地のコンゴ民主主義共和国で起こっている紛争鉱物問題と解決のための取り組みについて考える。後半では，組み立て工場で発生している人権問題についてロールプレイで考えを深める。また，スマホをとりまく諸問題と SDGs との関連性を考えるワークも収録している。

紛争鉱物をめぐっては，いわゆる「紛争鉱物取引規制」が2010年に欧米で導入されたことを機に改善もみられるが，実際は多くの「抜け穴」があるといわれている。それらの問題については，2018年にノーベル平和賞を受賞したコンゴ人医師のデニ・ムクウェゲ氏も指摘し，鉱物を消費する側の政府や企業，消費者の責任を問うている。開発教育が取り上げるイシューは現在進行形のものばかりだが，スマホに代表される小型電子機器については，マスメディアの報道や新商品発売時の派手な広告など問題が数多くある。最新の情報を取り入れながら教材を活用するとより効果的である。なお，本教材は消費者教育教材資料表彰「優秀賞」(2018年)を受賞した。

199

資料編

6. 写真で学ぼう！地球の食卓　学習プラン10

■制作・発行：開発教育協会
■発行年：2010年（初版），2017年（改訂版）
■対象：小学校中学年以上

　世界の24カ国，30家族と，その家族の1週間分の食料のポートレイト写真39枚と，参加型学習の手引きがセットになった写真教材である。さまざまな地域，家族の食卓の写真を見比べることで，文化の多様性を実感できるほか，グローバリゼーションや栄養，宗教，ごみ，ライフスタイルの変化など，食と社会のあり方にまつわるさまざまな課題についても学ぶことができる。

　手引きには，以下の10の学習プランが収められているが，調理実習と組み合わせたり，「フードロス（食品廃棄）」について考えたりするなど，応用・展開がしやすいことも本教材の特徴である。そのなかからいくつかの教材を紹介しよう。

・国あてクイズ—世界の多様性に触れ，異なる人々を身近に感じる。
・おやつで元気！—食文化の多様性，嗜好と健康の視点から考える。
・多様なイスラム教徒の生活—偏見や画一的な見方に気づく。
・難民の生活を知ろう—困難な状況で暮らす人たちへの共感を深める。
・食卓から出るごみ—包装，リサイクル，エネルギーについて考える。
・未来の食卓—社会がどのように変わってきたのか，これからのあり方は。

　また，別冊『フードマイレージ—どこからくる？私たちの食べ物』では，本教材の写真を使いながら，日本の食料自給率やフードマイレージについて学ぶことができる。

7. もっと話そう！エネルギーと原発のこと

■制作・発行：開発教育協会
■発行年：2012年
■対象：中学生以上

　2011年3月の福島第一原発事故を受けて作成された教材である。エネルギー政策や原発の賛否を問うのではなく，一人ひとりが未来の社会をつくる当事者として，まずは知ること，そして話し合う場をつくることを目的にしている。

　原発停止をめぐるさまざまな意見を読み比べたり，新聞記事を読んで自分の気持ちを話し合ったり，あるいは，身近なテクノロジーの利用について規制が必要かどうかを議論する，16の参加型学習のアクティビティと5つの実践事例が収められている。

・もっと知ろう！エネルギーってなに？
・どのくらい使ってる？家の中の電気・電化製品
・原発について知っていること・知りたいこと～ブレインストーミング
・「ゆうだい君の手紙」～わたしの気持ち
・原発停止をめぐる意見～様々な意見を読み・くらべる
・ベトナムへの原発輸出～いろいろな立場に立って考える
・未来の新聞～エネルギーの未来を想像する，他

　本教材は，2013年度に「ESDグッドプラクティス」（NPO法人関西国際交流団体協議会主催）に選ばれた。

SDGs 学習の教材

8．日本と世界の水事情　水から広がる学び　アクティビティ20

■制作・発行：開発教育協会
■発行年：2014年
■対象：小学校中学年以上

「21世紀は水の世紀である」ともいわれている。水不足や水をめぐる争いは世界各地でより深刻になってきている。また，直接の生活用水以外にも発電や農業・工業製品の製造などに大量の水が使われており，これらの製品を使っている私たちは，製造している地域の水を間接的に利用しているといえる。

本教材は，世界各地で起きている水不足・水質汚染・水をめぐる紛争と自分たちの生活とのつながりなどについて学び，それらの問題を解決するためにできることを考えることを目的としている。

前半の「基礎編」には，クイズや写真をつかった導入のための簡単なアクティビティが7つ収められている。続く「世界の水事情」には，世界13カ所の水の状況が写真・台詞カード・解説のセットになっており，地域や写真，カードを組み合わせて活用することができる。たとえば，フィリピン・マニラの水道民営化，アラル海の灌漑による砂漠化・塩害，アメリカ合衆国・オガララ帯水層の枯渇，フランス・パリ市の水道サービスの再民営化など，世界の水をめぐる多様なテーマ，状況を知ることができる。

後半の「ワークショップ編」には，「バーチャルウォーター（仮想水）」「日本のダム開発」「ペットボトルの水」など，6つのアクティビティが収められている。

9．豊かさと開発－ Development for the Future

■制作・発行：開発教育協会
■対象：高校生以上（一部，中学生以上）
■発行年：2016年

本教材は，ジョン・フリードマンの「力の剥奪」モデルを基に作成された『貧困と開発－豊かさへのエンパワーメント』（DEAR，2005年）の内容を大幅に加筆・修正し，新しいアクティビティを追加して作成された。

6のアクティビティからなるアクティビティ編と，中学校や高校，大学，NPOなどによる6つの事例を収めた実践事例編から構成される。「何のために何を開発するのか？」「誰のための開発なのか？」「誰がどのように開発していくのか？」といった問いを深めながら，学習者が「豊かさ」や「開発」のあり方を判断していく自分なりの「モノサシ」をつくっていくことをねらいとしている。

アクティビティ1「豊かな社会にとって大切なこと」，2「なんのための開発？」はカードを使ったシンプルなアクティビティだ。カードには，たとえば「自分たちの地域のことは住民が話し合って決める」「国籍，性別などにかかわらず教育を受けることができる」「防衛予算を増額し軍事力を強化する」といった言葉が書かれている。参加者は，自分自身が直面している問題や，地域で起こっている身近な問題を想起し，具体的な事柄について意見交換をはじめる。グループで共有することで，自分の考えを整理するとともに，多様な考えがあることを実感できる。また，多様性を尊重しながら，民主的に合意形成していくことの困難さと重要性を学ぶことができる。

SDGsのD（開発）のあり方をクリティカルに考え，未来を考えていくきっかけとなる教材であるため，SDGsをテーマにした研修会などで活用されている。

201

索　引

AI（人工知能）　36
DEAR（開発教育協会）　16, 48, 62, 81, 174, 197
ESD（持続可能な開発のための教育）　15, 47,
　100, 154, 191
ESD for 2030　63, 76
ESD カリキュラム　17, 49, 53
ESD カレンダー　20, 57
ESD 評価　80
GAP（グローバル・アクション・プログラム）
　62, 101
IPPC（気候変動に関する政府間パネル）　22
JICA（国際協力機構）　103
LGBTQ（性的マイノリティ）　182
MDGs（ミレニアム開発目標）　2, 13, 20, 45
OECD（経済協力開発機構）　30, 31, 81
PISA　30, 43
SDGs（持続可能な開発目標）　5, 6, 12, 52, 128,
　195
SDGs4.7　14, 50, 130, 191
SDGs 学習　19, 52, 55, 111, 116, 128, 168, 191
SDGs17 目標　5, 6, 52, 55, 58
YMCA　20, 136, 171, 175, 194

［あ行］
アクション・リサーチ　52
上尾市立東中学校　20, 50, 65, 98, 116, 192
アセスメント　93
新しい教育（New education）　46, 48
居場所　25, 182
演劇　138, 194
エンパワーメント　172
大妻中野中学校高等学校　20, 134, 193

［か行］
開発教育　16, 46, 62
開発教育カリキュラム　51
開発教育協会（DEAR）　16, 48, 62, 81, 174, 197
学校と社会の連携　19, 128
学習観の転換　63
学習指導要領　14, 18, 29, 38, 49, 54, 99
学力論　30, 39

カリキュラム観　17
カリキュラム・マネジメント　20, 38, 55, 131, 152
環境問題　4, 40, 49, 194
環境教育　16, 49, 53, 100, 109
教育目標　3, 13
教員の変容　67, 127
教科等横断　38, 130
共生　7
近代学校　34
グループワーク　71, 173, 178, 185
グローバル化社会　23
グローバル教育　19, 24, 46, 48, 145, 184
グローバル経済　24
グローバルシティズン（地球市民）　50, 55, 59,
　174, 191, 194
グローバルシティズンシップ科　50, 65, 192
グローバルシティズンシップ教育（グローバル市
　民教育）　50, 54, 100
グローバル人材　23, 168
グローバルな課題　18, 23, 168, 179, 195
グローバルリーダー　135, 142, 148, 193
形成的評価　81, 188
研究開発学校　98
言語学習　38, 147
校外学習　108
公正　2, 7
「国際教育」勧告　46
国際協力　109
国際理解教育　48, 53, 173
国連 ESD の 10 年　15, 45, 49, 62, 99
子どもの貧困　13, 176
コンピテンシー　15, 30, 81

［さ行］
参加型学習　19, 49, 62, 155
自己評価　139
持続可能な開発（SD）　1, 4, 41, 80, 82, 94
持続可能な社会の創り手　14, 32, 50, 55, 101, 132
資質・能力　30, 38, 54, 103, 126, 135
市民教育　130, 154
ジェンダー　3, 146

索　引

社会参加（社会参画）　50, 73, 77, 102, 125
社会に開かれた教育課程　33
社会変容　63, 73, 132
18 歳選挙権　102
修学旅行　57, 111
循環　7
上智大学　20, 154, 194
人権意識　72
スーパーグローバルハイスクール（SGH）　23,
　134
成績評価　118, 157
生物多様性　2, 52
世界がもし 100 人の村だったら　19, 105, 112, 197
総合的な学習の時間（総合学習）　17, 38, 40, 48,
　62, 81, 99, 104, 192

［た行］
タイ語　137, 150
第 4 次産業革命　36
多文化共生　103, 136, 155, 160
多様性　8, 103, 127
誰一人取り残さない　7, 13, 27, 58, 81, 129
探究　41, 118, 143
地球温暖化　2, 7, 22
地球サミット（国連環境開発会議）　2, 45, 47
地球市民（グローバルシティズン）　55, 174, 191,
　194
地球市民育成プロジェクト　174, 194
知識基盤社会　35

［な行］
難民問題　105
ノブレス・オブリージュ　145

［は行］
パリ協定　7

ビジネス課題　23, 195
評価　80, 93, 118, 139, 183, 185, 187
開かれた教育課程　58
貧困　3, 13, 20, 46, 146
ファシリテーター　19, 61, 108
フィールドワーク　18, 20, 136, 184, 193
ふりかえり（振り返り）　72, 82, 91, 93, 107, 139,
　180, 183
フリースペースえん　68
ブルントラント報告書　1, 45
フレイレ，パウロ　63
平和教育　183
包摂　7, 31
ボランティア　40, 139, 172

［ま行］
まちづくり学習　113, 119
ミレニアム開発目標（MDGs）　2, 13, 45

［や行］
ユネスコ　15, 46, 53, 63
ユネスコスクール　15, 49, 54, 59, 99, 191
ヨハネスブルグ・サミット（持続可能な開発に関
　する世界首脳会議）　15, 45, 79, 99

［ら行］
らせん的なカリキュラム　18
ランキング　162
リソースパーソン　181
ルーブリック（評価）　119

［わ行］
ワークショップ　19, 67, 69, 107, 129, 155, 178, 184,
　186
ワールドスタディーズ　48

[編著者]

田中 治彦（たなか はるひこ） 上智大学名誉教授
 （財）日本国際交流センター，岡山大学教育学部，立教大学文学部，上智大学総合人間科学部教授を歴任。博士（教育学）。（認定 NPO）開発教育協会理事。専門は青少年の社会教育，居場所論，ESD（持続可能な開発のための教育）。著書に『若者の居場所と参加』『ユースワーク・青少年教育の歴史』（東洋館出版社），『18 歳成人社会ハンドブック』（明石書店），『SDGs と開発教育』『SDGs とまちづくり』（学文社）など多数

奈須 正裕（なす まさひろ） 上智大学総合人間科学部教授
 神奈川大学，国立教育政策研究所，立教大学を経て 2005 年より現職。博士（教育学）。専門は教育方法学，教育心理学。中央教育審議会教育課程部会委員。著書に『「資質・能力」と学びのメカニズム』（東洋館出版社），『答えなき時代を生き抜く子どもの育成』『教科の本質から迫るコンピテンシー・ベイスの授業づくり』（図書文化社），『知識基盤社会を生き抜く子どもを育てる』『子どもと創る授業』（ぎょうせい）など

藤原 孝章（ふじわら たかあき） 同志社女子大学現代社会学部特任教授
 日本国際理解教育学会前会長，富山大学教育学部教授，同志社女子大学教授を経て現職。博士（教育文化学）。専門は，シティズンシップ教育，社会科教育，国際理解教育，グローバル教育。著書に，『グローバル教育の内容編成に関する研究』（風間書房），『シミュレーション教材「ひょうたん島問題」』『グローバル時代の国際理解教育』『国際理解教育ハンドブック』『18 歳成人社会ハンドブック』（明石書店），『大学における海外体験学習への挑戦』（ナカニシヤ書店），『SDGs と開発教育』（学文社）など多数

SDGs カリキュラムの創造
 ──ESD から広がる持続可能な未来

2019 年 12 月 24 日　第 1 版第 1 刷発行	
2021 年 8 月 30 日　第 1 版第 4 刷発行	編　著　田中　治彦 奈須　正裕 藤原　孝章

発行者　田中千津子

発行所　株式会社 学 文 社

〒 153-0064　東京都目黒区下目黒 3-6-1
電話　03 (3715) 1501 （代）
FAX　03 (3715) 2012
https://www.gakubunsha.com

© Tanaka Haruhiko／Nasu Masahiro／Fujiwara Takaaki 2019

印刷　新灯印刷株式会社

乱丁・落丁の場合は本社でお取り替えします。
定価はカバーに表示。

ISBN978-4-7620-2944-8